कॉपीकैट मार्केटिंग 101

कॉपीकैट मार्केटिंग 101

आपके दौलतमंद बनने की राह

बर्क हेजेस

अनुवाद : डॉ. सुधीर दीक्षित, रजनी दीक्षित

Published by

Distributed by

मंजुल पब्लिशिंग हाउस

First published in India by

PENTAGON PRESS LLP
206, Peacock Lane,
Shahpur Jat, New Delhi, INDIA - 110 049

Distributed by

Manjul Publishing House
Corporate and Editorial Office
• 2nd Floor, Usha Preet Complex,
42 Malviya Nagar, Bhopal 462 003 - India
Sales and Marketing Office
• C-16, Sector 3, Noida, Uttar Pradesh 201301 - India
Website: www.manjulindia.com
Distribution Centres
Ahmedabad, Bengaluru, Kochi, Kolkata, Chennai,
Hyderabad, Mumbai, New Delhi, Pune

Hindi translation of *COPYCAT MARKETING 101 -How to Copycat Your Way to Wealth,* by *Burke Hedges*

This edition first published in 2010
This impression 2026

ISBN 978-81-8274-463-9

Translation by Dr. Sudhir Dixit, Rajni Dixit

Printed and bound in India by Repro India Ltd.

आभार

मैं हमारे उद्योग के प्रवर्तकों का शुक्रिया अदा करना चाहूँगा, जिन्होंने सफलता का रास्ता खोजकर सबको दिखाया, ताकि उनकी नक़ल करके दूसरे भी सफल हो सकें। उनके सपने, साहस और लगन के बिना हम आज जाने कहाँ होते?

समर्पण

यह पुस्तक मेरे माता-पिता को समर्पित है,
जिन्होंने मुझे नक़ल करने के लिए
दृढ़ जीवनमूल्यों और कड़ी मेहनत का
मॉडल प्रदान किया।

विषय-सूची

प्रस्तावना

अगर आपको अपने परिणाम
पसंद नहीं हैं, तो अपनी नीति बदलें!

प्रस्तावना

अगर आपको अपने परिणाम पसंद नहीं हैं, तो अपनी नीति बदलें!

आज दो चीज़ों की बड़ी सख़्त ज़रूरत है : पहली, अमीरों को यह पता चलना चाहिए कि ग़रीब लोग कैसे ज़िंदगी जीते हैं; और दूसरी, ग़रीबों को यह पता चलना चाहिए कि अमीर लोग कैसे काम करते हैं।

– जॉन फ़ॉस्टर

व्यवसाय संबंधी एक कहानी मुझे बड़ी पसंद है। अपनी आर्थिक तंगी से परेशान एक अधेड़ मैनेजर किसी वित्तीय विशेषज्ञ की सलाह लेने का फ़ैसला करता है।

मैनेजर एक बहुत सम्मानित वित्तीय सलाहकार से अपॉइंटमेंट लेता है, जिसका ऑफ़िस पार्क एवेन्यू की एक भव्य इमारत में है।

मैनेजर जैसे ही सलाहकार के सुसज्जित रिसेप्शन रूम में दाख़िल होता है, चकरा जाता है। वहाँ कोई रिसेप्शनिस्ट नहीं है। बस सामने दो दरवाज़े हैं। एक पर लिखा है "*कर्मचारी*" और दूसरे पर लिखा है "*सेल्फ़-एम्प्लॉयड*"।

चूँकि मैनेजर कर्मचारी है, इसलिए वह "कर्मचारी" वाले दरवाज़े को चुनता है। एक बार फिर दो दरवाज़े उसका स्वागत करते हैं। एक पर लिखा है, "*आमदनी 40,000 डॉलर से कम*" और दूसरे पर लिखा है "*आमदनी 40,000 डॉलर से ज़्यादा।*"

मैनेजर की आमदनी 40,000 डॉलर से कम है, इसलिए वह पहले वाले दरवाज़े को चुनता है। एक बार फिर उसके सामने दो दरवाज़े आ जाते हैं। बाएँ दरवाज़े पर लिखा है, *"साल में 2,000 डॉलर से ज़्यादा बचत,"* और दाएँ दरवाज़े पर लिखा है, *"साल में 2,000 डॉलर से कम बचत।"*

मैनेजर के बचत खाते में सिर्फ़ एक हज़ार डॉलर ही पड़े हैं, इसलिए वह दाएँ दरवाज़े को चुनकर उसके भीतर चला जाता है - वह दोबारा पार्क एवेन्यू की सड़क पर पहुँच जाता है!

समान दरवाज़े समान परिणामों की ओर ले जाते हैं

बड़ी ही दुखद, लेकिन स्पष्ट बात है कि इस कहानी का मैनेजर अपनी लीक से कभी बाहर नहीं निकल पाएगा, जब तक कि वह अलग दरवाज़े खोलने का विकल्प न चुने। कहानी का सबक़ यह है कि ज़्यादातर लोग उसी मैनेजर की तरह होते हैं - वे ज़िंदगी में ऐसे दरवाज़े खोलने का फ़ैसला करते हैं, जो उन्हें घुमा-फिराकर वहीं पहुँचा देते हैं, जहाँ से उन्होंने शुरू किया था।

अलग परिणाम पाने का इकलौता तरीक़ा यही है कि लोग अलग दरवाज़े खोलने का चुनाव करें, है ना? जैसा मेरे एक मार्गदर्शक कहा करते थे, *"अगर तुम वही करते रहो, जो हमेशा करते आए हो, तो तुम्हें वही मिलता रहेगा, जो हमेशा मिलत रहा है।"*

आप 95 प्रतिशत लोगों में आते हैं?
... या 5 प्रतिशत में?

कहानी वाले मैनेजर की तरह ही ज़्यादातर लोग एक बँधी-बँधाई लीक (rut) पर चल रहे हैं। इसकी वजह यह है कि वे आर्थिक

कुंठा के अंतहीन चक्र में फँसे हुए हैं।

कहानी वाले मैनेजर की तरह ही ज़्यादातर औद्योगिक देशों के 95 प्रतिशत काम करने वाले लोग कर्मचारी हैं ... उनकी सालाना कमाई 40,000 डॉलर से कम है ... और वे साल में 2,000 डॉलर से कम बचा पाते हैं।

पहली नज़र में देखने पर ये आँकड़े काफ़ी आकर्षक लगते हैं, ख़ास तौर पर 40,000 डॉलर से कम आमदनी वाले लोगों को। मगर हक़ीक़त यह है कि इस दुनिया के 95 प्रतिशत लोग तेज़ी से आगे नहीं बढ़ रहे हैं - वे तो बस जैसे-तैसे घिसटकर चल रहे हैं। 65 साल की उम्र में "आम" अमेरिकी नागरिक की आर्थिक स्थिति कैसी होती है, इसके आँकड़ों पर ग़ौर करें :

65 साल की उम्र में 100 आम अमेरिकी

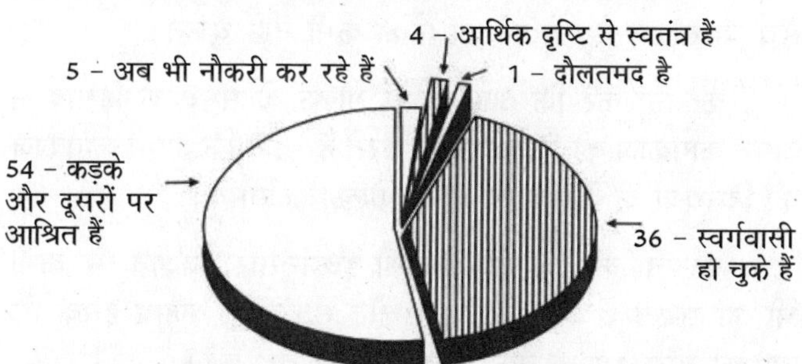

आपका अंजाम क्या होगा ? क्या आप ऐसे आर्थिक दरवाज़े खोल रहे हैं, जो आपको 95 प्रतिशत (95%-ers) लोगों की जमात में पहुँचा देंगे ? या फिर आप ऐसे दरवाज़े खोल रहे हैं, जो आर्थिक स्वतंत्रता या दौलत की ओर ले जाएँगे, जैसा सिर्फ़ 5 प्रतिशत (5%-ers) लोगों के मामले में ही होता है ?

मुझे यक़ीन है कि ज़्यादातर लोग अपने लिए ... अपने परिवार के लिए ज़्यादा दौलत चाहते हैं। मुझे नहीं लगता कि वे 65 साल की उम्र में स्वर्गवासी या कड़के होना चाहते हैं या रोज़ी-रोटी कमाने के लिए नौकरी करना चाहते हैं। मुझे पूरा भरोसा है कि अगर हर इंसान को 5 प्रतिशत लोगों की जमात में शामिल होने के पूरे-पूरे फ़ायदे पता चल जाएँ, तो बहुत सारे लोग ज़िंदगी में अलग दरवाज़े खोलने का विकल्प चुनेंगे।

पल भर के लिए कल्पना करें ...

पल भर के लिए कल्पना करें कि आपकी ज़िंदगी में समय और पैसे की बिलकुल कमी नहीं है।

कल्पना करें कि आप हर सुबह अपने बच्चों को पैदल स्कूल छोड़ने जाते हैं ... और अपनी नौकरी के चक्कर में उनके स्कूल मैच या सॉकर मैच देखने का मौक़ा कभी नहीं चूकते।

कल्पना करें कि आप अपने गोल्फ़ के समय के हिसाब से अपने कामकाज की दिनचर्या तय करते हैं ... न कि अपने कामकाज की दिनचर्या के हिसाब से अपने गोल्फ़ का समय।

कल्पना करें कि आप अपनी इच्छानुसार वैकेशन पर कभी भी जा सकते हैं और कभी भी लौट सकते हैं, बजाय इसके कि आपका बॉस आपके वैकेशन की अवधि तय करे।

कल्पना करें कि आप अपना कार लोन पटा देते हैं ... अपना हाउस लोन चुका देते हैं ... और हर महीने के अंत में अपने क्रेडिट कार्ड बिल्स भी चुकता कर देते हैं।

कल्पना करें कि आप 5 प्रतिशत लोगों की जमात में शामिल हो चुके हैं। अब आप आर्थिक दृष्टि से स्वतंत्र हैं। अब आप अपनी

मर्ज़ी से कभी भी आ सकते हैं और कभी भी जा सकते हैं।

अंत में, यह कल्पना करें कि इस पुस्तक को पढ़ने में एक घंटे के समय का निवेश करके आप वह चीज़ खोज लेंगे, जिसकी आपको हमेशा से तलाश थी - दौलत बनाने (wealth creation) की कुंजी!

इस पुस्तक का मक़सद

मान लें कि आपको 5 प्रतिशत लोगों की जमात में शामिल होने का सुनहरा मौक़ा मिलता है - क्या आप इसका फ़ायदा उठाएँगे?

मुझे पूरी उम्मीद है कि आप इस सवाल का जवाब "हाँ" में ही देंगे, क्योंकि यह पूरी पुस्तक इसी बारे में है। आगे के पन्नों में आप सीखेंगे कि आर्थिक स्वतंत्रता का रहस्य सिर्फ़ यह जानना है कि कौन से दरवाज़े खोले जाएँ।

कॉपीकैट मार्केटिंग 101 आपको इस बारे में जागरूक बनाएगी कि ज़्यादातर लोग 95 प्रतिशत की जमात में सिर्फ़ इसलिए आते हैं, क्योंकि वे ग़लत दरवाज़े खोलने वाले लोगों की नक़ल करते हैं। वे उन दरवाज़ों को खोलते हैं, जो सीमित तनख़्वाह, नीरस नौकरियों और आर्थिक पराधीनता की ओर ले जाते हैं। *संक्षेप में, ज़्यादातर लोग ग़लत योजना की नक़ल (copycatting) कर रहे हैं!*

इस पुस्तक में आप सीखेंगे कि ज़्यादातर लोग जिस वर्तमान सिस्टम की नक़ल कर रहे हैं, उससे सिर्फ़ अस्थायी आमदनी हासिल होती है - सच्ची दौलत नहीं मिलती - क्योंकि यह पैसे-के-बदले-समय की *सामान्य वृद्धि (linear growth)* पर आधारित है।

आप सीखेंगे कि सच्ची दौलत बनाने की कुंजी है लीवरेज।

आप लीवरेज का एक बहुत अद्भुत तरीक़ा देखेंगे, जिसकी नक़ल दौलतमंद लोग सदियों से कर रहे हैं। यह तरीक़ा है *तीव्र घातांकीय वृद्धि (exponential growth)*।

आप सीखेंगे कि दौलत बनाने का "रहस्य" हर एक के लिए उपलब्ध है, जिसमें आप और मैं भी शामिल हैं, क्योंकि इसकी बुनियाद एक ऐसी चीज़ है, जिसमें हम सभी बड़े माहिर हैं - नक़ल करना।

सबसे बड़ी बात, इस पुस्तक में आप सीखेंगे कि आम आदमी किस तरह पैसे-के-बदले-समय के जाल को तोड़ सकता है। इसके लिए तो उसे दौलत बनाने के एक आसान सिस्टम की नक़ल भर करनी है, जो आर्थिक स्वतंत्रता के दरवाज़े खोल देगा - हमेशा-हमेशा के लिए!

1

हम नक़लचियों की दुनिया में रहते हैं

1

हम नक़लचियों की दुनिया में रहते हैं

बच्चे कभी बड़ों की बात सुनने में माहिर नहीं होते। लेकिन वे उनकी नक़ल करने में कभी नहीं चूकते हैं।

–जेम्स बाल्डविन, लेखक

मुझे याद है, बचपन में मैंने एक जोक बुक पढ़ी थी। मुझे अब भी एक हथौड़ाछाप (corny) जोक याद है, जो मेरे दोस्तों और मुझे बड़ा मज़ेदार लगता था : *पैसा बनाने के लिए पैसे की ज़रूरत होती है - आपको तो बस डिज़ाइन की हूबहू नक़ल करनी है।*

देखा, मैंने आपको पहले ही बता दिया था कि यह हथौड़ाछाप

जोक है। लेकिन इसके पीछे की भावना बहुत गंभीर है।

हम दौलत बनाने की नक़ल का तरीक़ा क्यों नहीं खोज पाए ?

इस बारे में ग़ौर से सोचें - हम ज़िंदगी में बाक़ी हर चीज़ की नक़ल करते हैं, है ना? लेकिन हम एक ही चीज़ की नक़ल करना नहीं सीख पाए हैं और वह है सच्ची दौलत बनाना! आइए, नक़ल की शक्ति के बारे में थोड़ी बातचीत कर लेते हैं। इसके बाद हम उन कारणों पर ग़ौर करेंगे, जिनकी वजह से ज़्यादातर लोग दौलत बनाने की नक़ल का तरीक़ा नहीं खोज पाते हैं।

हम सभी एक चीज़ में बड़े माहिर होते हैं और वह चीज़ है नक़ल करना

हममें से हर एक को ख़ास गुणों और योग्यताओं का वरदान मिला है, जिनकी बदौलत हम अनूठे बनते हैं। कुछ लोग बेहतरीन डांसर होते हैं, जबकि बाक़ी लोग संगीत पर अपने पैर भी नहीं चला पाते। हममें से कई लोगों में कलात्मक योग्यता होती है, जबकि बाक़ी लोगों को साधारण तस्वीर बनाने में भी मुश्किल आती है। हममें से कुछ बेहतरीन खिलाड़ी होते हैं, जबकि बाक़ी तो सीधी लकीर पर भी बग़ैर लड़खड़ाए नहीं चल सकते।

*लेकिन - **बिना किसी अपवाद के** - हममें से हर व्यक्ति एक चीज़ में बड़ा माहिर होता है और वह चीज़ है नक़ल।*

क्या आपने कभी सोचा है कि हम नक़ल में कितने माहिर हैं ? इस क्षेत्र में हममें प्रतिभा कूट-कूटकर भरी है। *हम कॉपीकैट (नक़ल करने में) जीनियस हैं!* नक़ल करने के मामले में हम सभी उत्कृष्ट होते हैं और यह गुण हम सभी में होता है, चाहे हम कहीं भी रहते हों या हमारी योग्यता कितनी भी हो। इससे कोई फ़र्क़

नहीं पड़ता कि हम अमीर हैं या ग़रीब ... श्वेत हैं या अश्वेत ... पुरुष हैं या महिला ... हम सभी नक़ल करने में माहिर होते हैं।

तो फिर हम दौलत बनाने की नक़ल का तरीक़ा क्यों नहीं खोज पाए ?

पालने से क़ब्र तक नक़लची

नक़ल उसी दिन से शुरू हो जाती है, जिस दिन हम पैदा होते हैं। हम भाषा ... खान-पान ... बाल काढ़ने की शैली ... चाल-ढाल ... कपड़े पहनने की शैली ... हर चीज़ की नक़ल करते हैं।

स्कूल पहुँचने पर हम अक्षरों की नक़ल करके पढ़ना-लिखना सीखते हैं। अगर आप किसी पाश्चात्य देश में पैदा हुए हैं, तो आपने पन्ने के बाएँ सिरे से दाएँ तक लिखने के सिस्टम की नक़ल की है। अगर आप एशिया के कुछ हिस्सों में जन्मे हैं, तो आपने दाएँ से बाएँ लिखने के सिस्टम की नक़ल की है।

ज़्यादा बड़े होने पर हमने नक़ल करके कार चलाना सीखा, है ना ? इंस्ट्रक्टर ने हमें सिखाया कि किस तरह रियर व्यू मिरर में देखना है ... मुड़ने के सिग्नल पर मुड़ना है ... एक्सीलरेटर पर हल्के से दबाव डालना है ... स्पीड लिमिट के हिसाब से गाड़ी चलानी है ... और चौराहों पर रुकना है। हमने ड्राइविंग इंस्ट्रक्टर की जितनी बेहतर नक़ल की, उतनी ही आसानी से हमने ड्राइविंग टेस्ट पास कर लिया।

जैसा देस, वैसा भेस

हम सभी अपने आस-पास के लोगों की नक़ल करने में इतने माहिर होते हैं कि भिन्न संस्कृतियों के लोगों के रीति-रिवाज़ों और आदतों

को देखकर दंग रह जाते हैं। इसीलिए *"जैसा देस वैसा भेस"* कहावत महत्त्वपूर्ण है। इसका अर्थ है कि हमें भिन्न संस्कृतियों का सम्मान करना चाहिए, ख़ासकर दूसरे देशों की यात्रा करते वक़्त।

कहना सरल है, करना कठिन है। हम अपने आस पास के रीति-रिवाज़ों की नक़ल करने के इतने आदी होते हैं कि दूसरी संस्कृतियों की नक़ल के बारे में सुनकर हमें अक्सर हैरत और गुदगुदी होती है। दुनिया भर के टीवी दर्शकों के प्रिय नाश्तों की संक्षिप्त सूची से आपको मेरा मतलब समझ में आ जाएगा :

अमेरिका – पॉपकॉर्न

चीन – मुर्ग़े की टाँग

जापान – टी सैंडविच

मेक्सिको – रोस्टेड कॉर्न (भुनी मक्का)

भारत – मटन सैंडविच

कोरिया – धूप में सूखे स्क्विड (sun-dried squid)

अब बताएँ, क्या आपके मन में यह विचार आया, *"वे यह चीज़ कैसे खा सकते हैं ? धूप में सूखे स्क्विड ? ... मुर्ग़े की टाँग ? ... कहीं आप मज़ाक़ तो नहीं कर रहे!"* लेकिन ज़रा सोचें, अगर आप कोरिया में पले-बढ़े होते, तो टीवी देखते वक़्त आप नाश्ते में क्या खा रहे होते ... हाँ, आपका अंदाज़ा सही है ... धूप में सूखे स्क्विड।

काम करने के तरीक़े की नक़ल

मेरी बात का मूल मुद्‌दा यह है : संस्कृतियों में अनगिनत भिन्नताएँ होती हैं, लेकिन इसके बावजूद सभी संस्कृतियों में एक अद्‌भुत समानता होती है। हम अपने रीति-रिवाज़ एक ही तरीक़े से सीखते

हैं – *नक़ल करके!* हम इतनी ज़्यादा नक़ल करते हैं कि हमें इस बात का एहसास ही नहीं रहता। साँस लेने की तरह ही नक़ल करना भी हमारी आदत में शुमार हो जाता है। तो मैं आपसे एक बार फिर पूछता हूँ, *हम दौलत बनाने की नक़ल का तरीक़ा क्यों नहीं खोज पाए ?*

शक की कोई गुंजाइश ही नहीं है : नक़ल इंसान को मिला सबसे शक्तिशाली शिक्षण साधन है! नक़ल हमारी ज़िंदगी के लगभग हर पहलू पर असर डालती है, जिसमें छोटी-छोटी आदतों से लेकर ज़िंदगी बदलने वाले बड़े निर्णय शामिल होते हैं।

मिसाल के तौर पर, हम अपनी ज़िंदगी का एक बड़ा हिस्सा काम करने में बिताते हैं। क्या आपने कभी सोचा कि आपने उन कामों को करना कैसे सीखा ? आपने कंप्यूटर पर पत्र लिखना कैसे सीखा ? आपने यह कैसे सीखा कि किस पोशाक को पहनकर ऑफ़िस जाना है ? और आपने नवनियुक्त कर्मचारियों को यह कैसे सिखाया ? अपने कामों की नक़ल करना सिखाकर। यही हक़ीक़त है। मनोवैज्ञानिक इसे "मॉडलिंग और मिररिंग" (प्रतिरूपण और प्रतिबिंबन) का नाम देते हैं। मैं तो इसे पेशेवर नक़लची बनना कहता हूँ!

इस बारे में कोई शक नहीं है कि हम पालने से लेकर क़ब्र तक ज़िंदगी भर नक़ल करते रहते हैं। इसके कारण बहुत से हैं : नक़ल करना आसान होता है ... हमें हर बार शुरू से हर चीज़ नहीं करनी होती है ... यह कारगर है ... और हममें इसकी जन्मजात प्रतिभा होती है! *"बंदर जैसा देखता है, वैसा करता है" कहावत को इस तरह भी कहा जा सकता है, "लोग जैसा देखते हैं, वैसा करते हैं।"*

इसीलिए मैं कहता हूँ कि हम नक़लचियों की दुनिया में रहते

हैं। *अगर इस दुनिया का हर आदमी किसी एक चीज़ में माहिर है – तो वह है नक़ल (copycatting)!*

नौकरियों की नक़ल पर एक संक्षिप्त ऐतिहासिक सबक़

पैसा कमाने के क्षेत्र में भी हम नक़ल ही करते हैं। हज़ारों सालों तक किसानों के बेटे अपने पिता की नक़ल करके किसान बने ... मोचियों के बेटे मोची बने। इसी कारण हमारे बहुत से सरनेम व्यवसायों के नाम पर हैं, जैसे फ़ार्मर, स्मिथ, कारपेंटर, टेलर वग़ैरह।

औद्योगिक क्रांति के बाद फ़ार्मर, स्मिथ, कारपेंटर और टेलर जैसे सरनेम वाले लाखों बच्चों ने पुश्तैनी व्यवसाय छोड़ दिया और वे काम की एक नई अवधारणा – नौकरी – की नक़ल करने शहर आ गए।

नौकरी की नक़ल कई पीढ़ियों तक काफ़ी कारगर साबित हुई, ख़ास तौर पर अमेरिका में, जो औद्योगिक क्रांति का बेताज बादशाह है। 20वीं सदी के पूर्वार्ध में दो विश्व युद्धों और महान मंदी की स्याह छाया में ज़्यादातर लोग अपने परिवार वालों या दोस्तों की नक़ल करके ख़ुश थे और नौ से पाँच की नौकरी से संतुष्ट थे। चूँकि उनकी उम्मीदें उनकी जीवनशैली से आगे नहीं जा रही थीं, इसलिए "नौकरी-करनी-चाहिए" मानसिकता की नक़ल करने वाले लोग अपनी स्थिति से संतुष्ट थे।

नक़ल करें ... लेकिन सोच–समझकर

ज़िंदगी की लगभग हर चीज़ की तरह ही नक़ल का भी एक बुरा पहलू होता है। हम किसी चीज़ की नक़ल करते हैं, इसका यह मतलब नहीं होता कि वह अच्छी है ... या कार्यकुशल है ... या

उपयोगी है। दुर्भाग्य से, अक्सर सोचने के आलस की वजह से हम नक़ल का बहाना बना लेते हैं।

इससे मुझे मेन स्ट्रीट के एक बूढ़े दुकानदार की कहानी याद आती है। इस दुकानदार के स्टोर की डिस्प्ले विंडो में एक बड़ी घड़ी रखी रहती थी। बरसों तक दुकानदार देखता रहा कि एक संभ्रांत व्यक्ति हर दिन दोपहर को स्टोर के सामने आता था ... बड़ी घड़ी के सामने ठहरता था ... अपनी जेब से एक पॉकेट वॉच निकालता था और सावधानी से समय मिलाता था।

एक दिन दुकानदार की उत्सुकता इतनी बढ़ गई कि उससे रहा नहीं गया। जब संभ्रांत व्यक्ति बड़ी घड़ी के सामने आकर रुका, तो दुकानदार स्टोर से बाहर की ओर लपका और उसने उस आदमी से पूछ ही लिया कि वह हर दिन अपनी घड़ी क्यों मिलाता है।

उस आदमी ने मुस्कुराकर जवाब दिया, *"मैं टाउन मिल का फ़ोरमैन हूँ। मुझे हर दिन शाम को 5 बजे हूटर बजाना होता है, इसलिए मैं यह पक्का कर लेना चाहता हूँ कि वह ठीक समय पर ही बजे।"*

बूढ़े दुकानदार ने उसे बड़ी हैरानी से देखा – और फिर ज़ोर-ज़ोर से हँसने लगा। फ़ोरमैन ने पीछे हटकर ग़ुस्से से कहा, *"इसमें हँसने की क्या बात है?"*

दुकानदार बोला, *"बुरा न मानें! मैं आपकी हँसी नहीं उड़ा रहा हूँ। लेकिन मुझसे हँसी रोकी नहीं गई। देखिए, मैं बरसों से अपनी बड़ी घड़ी आपके 5 बजे के हूटर से मिलाता आ रहा हूँ!"*

यह कहानी नक़ल के एक अजीब पहलू का आदर्श उदाहरण है। हम दूसरों की नक़ल करते हैं ... दूसरे हमारी नक़ल करते हैं

... और हम अक्सर यह *मान* बैठते हैं कि हम जिन लोगों की नक़ल कर रहे हैं, उनके पास "सही जवाब" है। मैं दोहराता हूँ, *हम मान बैठते हैं कि हम सही लोगों की नक़ल कर रहे हैं!*

ठीक यही होता है, अगर नौकरी करो तो पहले हम अच्छी तरह सोच-विचार न कर लें कि हमने नौकरी का विकल्प क्यों चुना। मेरे हिसाब से ज़्यादातर लोगों का यह *मानना है* कि नौकरी करना ही दौलत बनाने का सबसे अच्छा तरीक़ा है। सच्चाई कुछ और है। दरअसल, नौकरी से *सच्ची दौलत* नहीं बनती है - नौकरी से तो सिर्फ़ *अस्थायी आमदनी* मिलती है। और दोनों में ज़मीन-आसमान का फ़र्क़ होता है।

आइए हम नौकरी की नक़ल की दोबारा जाँच करें

जैसा मैंने पहले कहा था, नक़ल करना सीखने का सबसे शक्तिशाली साधन है। लेकिन कभी-कभार हमें पीछे हटकर अपनी *मान्यताओं की पड़ताल* करनी चाहिए कि हम किस चीज़ की नक़ल कर रहे हैं - और क्यों - ताकि नक़ल करने से हमें सचमुच वही मिले, जो हम पाना चाहते हैं।

इस पूरे अध्याय में मैंने बार-बार यह सवाल पूछा है, *"हम दौलत बनाने की नक़ल का तरीक़ा क्यों नहीं खोज पाए ?"* जवाब दुखद लेकिन स्पष्ट है - हममें से ज़्यादातर लोग दौलत बनाने के बजाय नौकरी करने के मार्ग की नक़ल करते आ रहे हैं।

क्यों ? क्योंकि ज़्यादातर लोगों की *राय में* नौकरी ही उनके आर्थिक सपनों को हक़ीक़त में बदलने का इकलौता तरीक़ा है। शायद वे नौकरी के अलावा किसी दूसरे विकल्प के बारे में जानते ही नहीं हैं। शायद उन्हें पता ही नहीं है कि दौलत के अन्य स्रोत भी होते हैं। या शायद उन्हें यह लगता है कि वे नौकरी के अलावा

किसी दूसरे क्षेत्र में सच्ची दौलत बनाने में सक्षम नहीं हैं।

कारण चाहे जो हो, परिणाम वही होता है। ज़्यादातर व्यक्ति 5 प्रतिशत लोगों के बजाय 95 प्रतिशत लोगों की जमात में पहुँच जाते हैं, क्योंकि वे सच्ची दौलत के बजाय अस्थायी आमदनी बनाने और नौकरी के मार्ग की नक़ल कर रहे हैं।

इस मामले में आपकी क्या स्थिति है? आप किस चीज़ की नक़ल करने का चुनाव कर रहे हैं? क्या आप उन 95 प्रतिशत लोगों जैसा बनने का विकल्प चुन रहे हैं, जो नौकरी के मार्ग की नक़ल कर रहे हैं? ... या फिर आप उन 5 प्रतिशत लोगों जैसा बनने का विकल्प चुन रहे हैं, जो दौलत बनाने के मार्ग की नक़ल कर रहे हैं?

ग़लत मान्यताओं को बाहर निकालें!

जैसा एक बुद्धिमान व्यक्ति ने कहा है, *"आपका दिमाग़ एक पैराशूट जैसा होता है। यह सिर्फ़ तभी काम करता है, जब यह खुला हो।"* आज यह पहले से भी ज़्यादा अनिवार्य है कि हम अपने दिमाग़ को खोल लें और जागरूक बन जाएँ कि नौकरी करना दौलत बनाने का नहीं, बल्कि आमदनी कमाने का सिस्टम है।

मुझे लगता है कि अगर लोग जैसे-तैसे ज़िंदगी गुज़ारने के बजाय वाक़ई तरक़्क़ी करना चाहते हैं, तो उन्हें अपनी ग़लत मान्यताओं को बाहर निकालना होगा और दौलत बनाने के वैकल्पिक तरीक़ों के प्रति अपने दिमाग़ को खोलना होगा।

मैं मानता हूँ कि 95 प्रतिशत लोग - यानी **नौकरी** वाले दरवाज़े से दाख़िल होने वाले लोग - वापस लौटकर उसी जगह पर आते रहेंगे, जहाँ से उन्होंने शुरू किया था।

बहरहाल, मुझे यक़ीन है कि अगर हम अलग परिणाम पाने और 5 प्रतिशत लोगों की जमात में शामिल होने के बारे में वाक़ई गंभीर हैं, तो हमें उन दरवाज़ों को खोलना होगा, जो दौलत बनाने की ओर ले जाते हैं।

अगले अध्याय में हम आमदनी कमाने (income creation) और दौलत बनाने (wealth creation) के फ़र्क़ की ज़्यादा गहराई से पड़ताल करेंगे। अगले अध्याय में हम उन कारणों को भी जानेंगे, जिनकी वजह से आज सच्ची दौलत बनाना इतिहास के किसी भी युग की तुलना में ज़्यादा संभव क्यों है।

2

‘‘सच्ची’’ दौलत क्या है ?

2
“सच्ची” दौलत क्या है?

अगर आपको लोगों को बताना पड़े कि
आप अमीर हैं, तो आप नहीं हैं।

–जो ई. ब्राउन, कॉमेडियन

दौलतमंद होने का क्या मतलब है – मेरा मतलब है *सचमुच* दौलतमंद होने का।

एक बात तो तय है : *दौलत* का मतलब अलग-अलग लोगों के लिए अलग-अलग होता है। मेरे लिए दौलत का मतलब यह नहीं है कि मैं मनचाही चीज़ें ख़रीद सकूँ, हालाँकि यह फ़ायदा भी कुछ कम नहीं है। मेरे लिए *सच्ची दौलत* का मतलब है पूरी स्वतंत्रता।

दौलत की मेरी निजी परिभाषा यह है – और मेरे विचार से इसमें दौलत के सबसे बड़े फ़ायदे शामिल हैं :

दौलत का मतलब इतना पैसा और समय होना है,
ताकि आप जो चाहें, जब चाहें, कर सकें।

क्या आपको लगता है कि अरबपति बिल गेट्स माइक्रोसॉफ़्ट के सीईओ पद पर इसलिए काम कर रहे हैं, क्योंकि उन्हें करना ही पड़ेगा ... या फिर इसलिए, क्योंकि वे इसे करना चाहते हैं?

मेरे हिसाब से यह कहना तार्किक है कि बिल गेट्स के पास इतना पैसा और समय है कि वे जो चाहें, जब चाहें, कर सकते हैं। कारण यह है कि बिल गेट्स ने आमदनी नहीं कमाई है; उन्होंने तो *सच्ची* दौलत बनाई है। संक्षेप में, *सच्ची* दौलत का मतलब है स्वतंत्रता।

दौलत का मतलब है चुनने की स्वतंत्रता

चक फ़ीनी भी आर्थिक दृष्टि से बिल गेट्स के समूह में ही हैं। दुनिया भर के हवाई अड्डों में सैकड़ों ड्यूटी-फ़्री दुकानों के संस्थापक फ़ीनी के पास अरबों डॉलर की संपत्ति है। या ज़्यादा सटीकता से कहें तो उनके पास अरबों डॉलर की संपत्ति थी। 1984 में फ़ीनी ने अपनी 3.5 बिलियन डॉलर की संपत्ति का 99.5 फ़ीसदी हिस्सा एक परोपकारी संस्था को दान कर दिया। आज वे दुनिया भर में समाज-सेवा करने की ख़ातिर अपना पैसा और समय दान कर रहे हैं।

बिल गेट्स और चक फ़ीनी दोनों ही यह बात अच्छी तरह समझते हैं कि सच्ची दौलत का मतलब होता है : यह चुनने की पूरी स्वतंत्रता कि आप अपना समय ... और पैसा कैसे ख़र्च करें। गेट्स ज़्यादा दौलत बनाने में समय ख़र्च करने का विकल्प चुन रहे हैं, जबकि फ़ीनी अपनी संपत्ति दान करने में अपना समय लगा रहे हैं। दोनों में साझी बात है *सच्ची* दौलत, जिसकी वजह से ये दोनों बिलकुल अलग-अलग चुनाव कर पाए।

अपना समय समझदारी से ख़र्च करें

ज़्यादातर लोग सोचते हैं कि सच्ची दौलत का मतलब है ढेर सारा पैसा, जिससे आप भौतिक वस्तुएँ ख़रीद सकें। बहरहाल, सबसे समझदार लोग समझते हैं कि सच्ची दौलत का मतलब ज़्यादा चीज़ें ख़रीदने में सक्षम होना ही नहीं है। *इसका असल मतलब है अपनी*

मनचाही चीज़ें करने के लिए ज़्यादा समय होना।

इस बारे में सोचें। जब आप बुढ़ापे में किसी नर्सिंग होम के सामने वाले पोर्च में बैठकर अपनी गुज़री हुई ज़िंदगी के बारे में सोचेंगे, तो आपको किस बात का ज़्यादा अफ़सोस होगा - ज़्यादा महँगा घर न ख़रीद पाने का? ... या अपने बच्चों के बचपन में उनके साथ ज़्यादा वक़्त न गुज़ार पाने का?

आपको किस बात का ज़्यादा अफ़सोस होगा - ऑफ़िस में प्रमोशन पाने के लिए चौबीसों घंटे काम न करने का? ... या अपने माता-पिता और दोस्तों के साथ ज़्यादा समय न बिता पाने का, जब उन्हें आपकी ज़रूरत थी?

समय हमारी सबसे क़ीमती वस्तु है। इसका मोल सोने-चाँदी से भी बहुत ज़्यादा है, क्योंकि एक बार जब यह चला जाता है, तो आप इसे दोबारा कभी नहीं पा सकते! अगर आपकी कार बर्बाद हो जाती है, तो आप हमेशा दूसरी कार ख़रीद सकते हैं। अगर आपकी नौकरी छूट जाती है, तो आपको हमेशा दूसरी नौकरी मिल सकती है। अगर किसी बुरे निवेश में आपका पैसा डूब जाता है, तो आप हमेशा ज़्यादा पैसे कमा सकते हैं। लेकिन आप कभी भी, किसी भी सूरत में वह समय दोबारा नहीं पा सकते, जिसे आपने बर्बाद कर दिया है या गँवा दिया है। बताएँ, क्या आप ऐसा कर सकते हैं? हर्गिज़ नहीं। एक बार जब यह चला जाता है, तो हमेशा-हमेशा के लिए चला जाता है।

प्राचीन चीनी कहावत इसे सबसे अच्छी तरह बयान करती है : *एक पल का समय बर्बाद करने से कहीं बेहतर है कि आप अपनी सारी संपत्ति किसी गहरे कुएँ में फेंक दें।* इसीलिए मैं कहता हूँ कि सच्ची दौलत का मतलब इतना पैसा **और समय होना है,** ताकि आप जो चाहें, जब चाहें, कर सकें। निस्संदेह सच्ची दौलत

का सबसे बड़ा फ़ायदा यह चुनने की स्वतंत्रता है कि आप अपना समय कैसे ख़र्च करें।

आमदनी कमाना – पैसे–के–बदले–समय का जाल

क्या आप ऐसे मेहनती डॉक्टरों या वकीलों को जानते हैं, जो साल भर में 1,50,000 डॉलर से ज़्यादा कमाते हैं – *लेकिन फिर भी ख़ुश नहीं हैं?* क्या वे सच्ची दौलत बना रहे हैं? दौलत की मेरी परिभाषा के हिसाब से जवाब है, *"नहीं!"*

इसका कारण यह है। हालाँकि कई ऊँची आमदनी वाले प्रोफ़ेशनल्स के पास अपनी मनचाही चीज़ ख़रीदने और करने के लिए *पैसा* होता है, लेकिन उनमें से ज़्यादातर के *पास समय नहीं होता।* उन्हें अपने पेशे में मेहनत लगातार करनी पड़ती है – हर दिन। दरअसल, उन्हें अपनी जीवनशैली को बरक़रार रखने के लिए ज़्यादा आमदनी की ज़रूरत होती है, जिसके लिए काम करना उनकी मजबूरी है। जो लोग अपने काम-धंधे के जाल में फँसे हैं, वे दरअसल *दौलत* नहीं बना रहे हैं, बल्कि *आमदनी कमाने* के अंतहीन चक्र में फँसे हैं – इससे कोई फ़र्क़ नहीं पड़ता कि उनकी आमदनी कितनी कम या ज़्यादा है।

आमदनी कमाने का जाल कुछ इस तरह का होता है कि आप अपना समय देकर उसके बदले में डॉलर कमाते हैं। इसका मतलब है कि आपको पैसे तब तक नहीं मिलते हैं, जब तक कि आप ख़ुद काम न करें। चाहे कचरा उठाने वाला हो, जो 7 डॉलर प्रति घंटे की न्यूनतम दर से कमाई करता है ... या हृदय रोग विशेषज्ञ हो, जो 5,000 डॉलर प्रति घंटे कमाता है – वह समय की एक इकाई के बदले में डॉलरों की एक इकाई पा रहा है। आमदनी कमाने वाले सिस्टम में 10 घंटों के काम के बदले में 10 घंटों की तनख़्वाह

मिलती है।

दुर्भाग्य से, आमदनी कमाने की चक्की अंतहीन है, जिसे लगातार पीसना पड़ता है। इसीलिए मैं आमदनी कमाने को पैसे-के-बदले-समय का जाल कहता हूँ। सबसे बुरी बात यह है कि जब चक्की रुक जाती है, तो आमदनी भी रुक जाती है। इसका मतलब है कि जो कर्मचारी बीमार हो जाते हैं ... या घायल हो जाते हैं ... या लंबे समय तक छँटनी के शिकार हो जाते हैं ... या बर्नआउट से पीड़ित हो जाते हैं ... उनकी आमदनी शून्य हो जाती है।

जब ख़र्च आमदनी के बराबर होते हैं

आम "अमीर" प्रोफ़ेशनल पर एक नज़र डालकर देखते हैं। हम उसे जॉन स्मिथ, एम.डी. का नाम दे देते हैं, जिनकी आमदनी 2,50,000 डॉलर है। देखिए, हर लिहाज़ से 2,50,000 डॉलर की सालाना आमदनी काफ़ी ज़्यादा होती है। लेकिन जब ऊँचे भुगतान वाले प्रोफ़ेशनल्स अपनी जीवनशैली को बरक़रार रखने के लिए अपनी आमदनी पर निर्भर हो जाते हैं, तो वे अनजाने में ही पैसे-के-बदले-समय के जाल में फँस जाते हैं।

2,50,000 डॉलर सालाना आमदनी वाले प्रोफ़ेशनल का "आम" मासिक ख़र्च

कुल आमदनी	2,50,000 डॉलर
33% टैक्स	82,500 डॉलर
शुद्ध सालाना आमदनी	1,67,500 डॉलर
मासिक आमदनी	**14,000 डॉलर**

(शेष अगले पृष्ठ पर...)

मासिक ख़र्च

2 आलीशान कारों के क़र्ज़ की क़िस्त	1,000 डॉलर
झील के सामने वाले बँगले के कर्ज़ की क़िस्त	4,000 डॉलर
बीमा : जीवन बीमा, स्वास्थ्य बीमा, कार बीमा	1,500 डॉलर
प्राइवेट स्कूल में पढ़ने वाले दो बच्चों का ख़र्च	1,500 डॉलर
बाहर खाना, मनोरंजन, सीज़न टिकट्स	2,000 डॉलर
हर साल परिवार के साथ 2 वैकेशन्स	1,500 डॉलर
कपड़े, आभूषण, फ़र्नीचर	500 डॉलर
चर्च, परोपकार	500 डॉलर
कंट्री क्लब की फ़ीस	500 डॉलर
बचत	1,000 डॉलर
कुल मासिक "ख़र्च"	**14,000 डॉलर**
मासिक आमदनी	**14,000 डॉलर**
शेष राशि	**0 डॉलर**

अल्पकालीन आमदनी का गुलाम

जैसा आप देख सकते हैं, डॉ. स्मिथ बेहतरीन जीवनशैली जीते हैं। हम सभी इतने मालदार बनना चाहेंगे कि बेहतरीन कंट्री क्लब की सदस्यता हासिल कर लें ... कोलोरैडो में महँगी स्की वैकेशन्स का आनंद लें ... या फिर कैरिबियन की सुखद क्रूज़ पर जाएँ। यक़ीनन डॉ. स्मिथ की जीवनशैली ऐसी है, जिसके हममें से ज़्यादातर लोग सिर्फ़ सपने देखते हैं, लेकिन वे उस जीवनशैली की बड़ी भारी क़ीमत चुका रहे हैं। *उन्होंने इसकी ख़ातिर अपनी स्वतंत्रता गिरवी रख दी है!*

मुझे उम्मीद है कि आप समझ गए होंगे! डॉ. स्मिथ के पास अल्पकालीन आमदनी तो है, लेकिन उनके पास अपनी मनमर्ज़ी से आने-जाने की स्वतंत्रता नहीं है। वे अपनी नौकरी की ज़ंजीर में बँधे हैं, क्योंकि वे अपनी जीवनशैली के ग़ुलाम बन चुके हैं। डॉ. स्मिथ को हर दिन ऑफ़िस जाना पड़ता है, चाहे उनका मन हो या न हो। अगर डॉ. स्मिथ नहीं जाएँगे, तो उन्हें पैसे नहीं मिलेंगे। और अगर डॉ. स्मिथ को पैसे नहीं मिलेंगे, तो घर की क़िस्त ... या कार लोन की क़िस्त ... या क्रेडिट कार्ड के बिल्स ... या प्राइवेट स्कूल की फ़ीस भी नहीं पट पाएगी। कोई हैरानी नहीं कि इतने सारे प्रोफ़ेशनल्स असमय ही हार्ट अटैक का शिकार हो जाते हैं!

एक दुर्घटना, जो होने का इंतज़ार कर रही है

ज़रा सोचिए, ऊँची तनख़्वाह वाले डॉक्टर की क्या हालत होगी, अगर उसके हाथों में आर्थ्राइटिस हो जाए और काम छूटने की वजह से वह आमदनी न कमा पाए ? अब असल मुद्दे की बात पर आते हैं। आप बताएँ, आप कहाँ होंगे, अगर आप काम छूटने की वजह से आमदनी न कमा पाएँ ? ज़्यादातर लोगों के लिए यह बहुत बुरा सपना होता है!

आमदनी कमाने के साथ यही समस्या है - यह अल्पकालीन होती है। अगर आप काम करना छोड़ देते हैं, तो आमदनी भी छूट जाती है। और अगर नौकरी या पेशे के अलावा आपको कहीं से भी आमदनी नहीं होती है, तो आप तबाही की ओर बढ़ रहे हैं!

बिज़नेस वीक मैग्ज़ीन के अनुसार, *"आम कर्मचारी को मकान ख़रीदने, छोटी-छोटी बचत करने और रिटायरमेंट के लाभ इकट्ठे करने में आधी ज़िंदगी लग जाती है। यह सब गँवाने के लिए सिर्फ़ छह महीने की बेरोज़गारी ही काफ़ी होती है।"*

भयावह है, नहीं क्या ?

रेसिड्युअल आमदनी से स्वतंत्रता

क्या यह बेहतरीन नहीं होगा कि आप डॉ. स्मिथ की जीवनशैली के सभी फ़ायदों का आनंद ले सकें, लेकिन आपको हर दिन काम पर जाने का बंधन न हो, बशर्ते आप न जाना चाहते हों ? यह तो सबसे बड़े सपने के सच होने जैसा होगा, है ना ?

सौभाग्य से, अल्पकालीन आमदनी के अलावा एक अन्य प्रकार की आमदनी भी होती है। इसे *रेसिड्युअल (अवशिष्ट) आमदनी* कहते हैं। अल्पकालीन आमदनी के विपरीत रेसिड्युअल आमदनी तब भी पैसे कमाती है, जब आप काम पर नहीं जाते हैं! रेसिड्युअल आमदनी पैसे-के-बदले-समय का शिकार नहीं होती है, क्योंकि यह डॉलर और समय की अदला-बदली पर निर्भर नहीं होती।

रेसिड्युअल आमदनी कैसे कमाई जाती है, इसके लिए हम एक और काल्पनिक प्रोफ़ेशनल पर नज़र डालते हैं। हम उन्हें जो जोन्स, सीपीए नाम देते हैं। डॉ. स्मिथ की तरह ही मि. जोन्स की प्रैक्टिस भी जमकर चलती थी। लेकिन डॉ. स्मिथ के विपरीत मि. जोन्स रेसिड्युअल आमदनी की शक्ति से पूरी तरह वाक़िफ़ थे। अपने समृद्ध करियर के अंतिम 40 सालों में मि. जोन्स ने अपनी कुल आमदनी का 10 प्रतिशत बचाया और समझदारी से उसका निवेश किया।

अब वे रिटायर हो चुके हैं, लेकिन आज मि. जोन्स के 1.5 मिलियन डॉलर म्यूचुअल फ़ंड्स में निवेशित हैं, जो हर साल 10 प्रतिशत कमा रहे हैं। इससे उन्हें डॉ. स्मिथ की अल्पकालीन आमदनी के बराबर रेसिड्युअल आमदनी हो जाती है - 1,50,000 डॉलर।

हालाँकि आमदनी समान है, लेकिन इसे कमाने के तरीक़े में बहुत फ़र्क़ है, जैसा नीचे दिए गए चार्ट से स्पष्ट होता है :

अल्पकालीन आमदनी	बनाम	रेसिड्युअल आमदनी
आप डॉलर के बदले समय की अदला-बदली करते हैं	↔	आप अपने समय की लीवरेजिंग करते हैं
पैसा सामान्य गति से बढ़ता है	↔	पैसा तीव्र घातांकीय गति से बढ़ता है
अगर आप विकलांग हो जाएँ, तो आमदनी बंद हो जाती है	↔	आमदनी अनंत काल तक जारी रहती है
आप सच्ची दौलत नहीं बना रहे हैं	↔	आप सच्ची दौलत बना रहे हैं
समय आपके क़ाबू में नहीं है	↔	समय की पूरी स्वतंत्रता
आप बस घिसटकर चल रहे हैं	↔	आप तेज़ी से आगे बढ़ रहे हैं
काम बंद, तो आमदनी बंद	↔	आमदनी लगातार आती रहती है

अब मैं आपसे पूछता हूँ, आप कौन सी आमदनी पाना चाहेंगे - अल्पकालीन आमदनी ? ... या फिर रेसिड्युअल आमदनी ? जवाब स्पष्ट है।

सच्ची दौलत बनाना

दौलत बनाना आमदनी कमाने के विपरीत है। यह पैसे-के-बदले-समय के जाल से भिन्न है। इसकी वजह है लीवरेज नामक अवधारणा। सच्ची दौलत बनाने का इकलौता तरीक़ा है *अपने समय, पैसे और प्रयासों की लीवरेजिंग करना,* ताकि 10 घंटे के काम के बदले में 100 घंटे ... यहाँ तक कि 1,000 घंटे का भुगतान मिले!

आपने देखा, अमीर लोग ज़्यादा अमीर इसलिए बनते हैं, क्योंकि वे अपने पैसे को लंबे समय तक निवेश करके लीवरेज का फ़ायदा उठाते हैं। जैसा मैंने अपनी दूसरी पुस्तक *यू कान्ट स्टील सेकंड विथ युअर फ़ुट ऑन फ़र्स्ट* में बताया है, आम मिलियनेअर बरसों तक अपनी 20 प्रतिशत आमदनी बचाकर और समझदारी से उसका निवेश करके अपनी दौलत कमाता है। अमीर लोग इसी तरह अमीर बनते हैं और बने रहते हैं ... लंबे समय तक निवेश करके अपने पैसे से अपने लिए काम करवाकर।

आमदनी कमाने और दौलत बनाने में बड़ा फ़र्क़ होता है। आमदनी बनाना अल्पकालीन है – आपको काम करना पड़ता है, क्योंकि काम बंद तो आमदनी बंद। दौलत बनाना स्थायी है – आप पैसे-के-बदले-समय के जाल से बच जाते हैं, क्योंकि आप अपने पैसे और समय दोनों से अपने लिए काम करवाते हैं।

अपने समय की लीवरेजिंग करना

देखिए, मैं समझता हूँ कि बहुत कम लोगों के पास मि. जोन्स जितना पैसा आता है – या वे इतने अनुशासित होते हैं – जिससे वे अपनी मासिक बचत की लीवरेजिंग करके डेढ़ मिलियन डॉलर

बना सकें। सौभाग्य से, पैसे की लीवरेजिंग ही सच्ची दौलत बनाने का एकमात्र अचूक-और-सच्चा तरीक़ा **नहीं** है। सच्ची दौलत बनाने का दूसरा तरीक़ा अपने समय की लीवरेजिंग करना है। इसका मतलब है समय बर्बाद करने के बजाय इसका निवेश करना।

पुरानी कहावत है, *समय ही धन है*। देखिए, लीवरेज की शक्ति की वजह से आज यह कहावत पहले से ज़्यादा सच है! एक बात तो तय है : हम सभी के पास एक बराबर पैसा **नहीं** है।

लेकिन यह बात भी उतनी ही तय है : हम सभी के साथ एक बराबर समय है। देखिए, एक बात अच्छी तरह समझ लें कि यह पुस्तक दौलत बनाने के लिए आपसे पैसों का निवेश करने के बारे में **नहीं** कहती है। यह तो दौलत बनाने के लिए आपके समय का निवेश करने के बारे में है। कारण स्पष्ट है : सही तरह से लगाया गया समय पैसे जितना ही मूल्यवान होता है!

इससे कोई फ़र्क़ नहीं पड़ता कि कोई व्यक्ति बिलियनेअर है या भिखारी, हम सभी के पास एक बराबर समय होता है : एक दिन में 24 घंटे ... एक हफ़्ते में 168 घंटे ... एक महीने में 672 घंटे ... एक साल में 8,064 घंटे।

दौलत बनाने की कुंजी ज़्यादा समय उत्पन्न करना **नहीं** है, क्योंकि यह तो असंभव है। कुंजी तो अपने पास मौजूद समय का पूरा-पूरा फ़ायदा उठाना है। बताइए, क्या आप इस बात से सहमत नहीं हैं ?

आज सच्ची दौलत बनाने के लिए सिर्फ़ पैसे (जो हममें से ज़्यादातर के पास बहुत कम होते हैं) की लीवरेजिंग ही इकलौता तरीक़ा नहीं है। हम सभी ख़ुशक़िस्मत हैं कि सच्ची दौलत बनाने के लिए समय (जिसकी हम सभी के पास समान मात्रा होती है)

की लीवरेजिंग करने का तरीक़ा भी मौजूद है।

सौभाग्य से, आज लीवरेजिंग का एक ऐसा सिस्टम है, जिसमें आप थोड़ा सा समय लगाकर ढेर सारे डॉलर कमा सकते हैं ... [illegible] [illegible] सिस्टम के, जिसमें आप ढेर सारा समय लगाकर थोड़े से डॉलर कमाते हैं।

सौभाग्य से, आज आपके समय और प्रयासों की लीवरेजिंग करने का एक सरल, अनुकरणीय सिस्टम है, जिसकी नक़ल हर व्यक्ति कर सकता है।

क्या आप ग़लत सिस्टम की नक़ल कर रहे हैं?

आइए इस बात को स्वीकार कर लें कि हममें से ज़्यादातर लोगों का सरनेम ड्यूपॉन्ट या रॉकफ़ेलर नहीं है, यानी हम बहुत अमीर नहीं हैं। हम बिल गेट्स और चक फ़ीनी जैसे पैदाइशी जीनियस नहीं हैं। और हमारे पास टाइगर वुड्स या एंजेलिना जोली जैसी प्रतिभा भी नहीं है।

अक्सर हम यह मान लेते हैं कि ज़िंदगी की लॉटरी जीतने से ही दौलत बन सकती है - यह सिर्फ़ बेहद गुणी लोगों के लिए संभव है ... या बहुत ख़ुशक़िस्मत लोगों के लिए ... लेकिन यह यक़ीनन आपके और मेरे जैसे आम लोगों के लिए संभव नहीं है।

यह बकवास है!

हमें इस सीमित सोच से क़तई सहमत नहीं होना चाहिए। यह कूड़ा-चिंतन है और हमें इस तरह के नकारात्मक विचारों को कूड़ेदान में फेंक देना चाहिए ... फ़ौरन!

हक़ीक़त तो यह है कि ज़्यादातर लोग यह *मान* लेते हैं कि

वे दौलत नहीं बना सकते, *जबकि दरअसल वे बना सकते हैं!* ज़्यादातर लोगों के दौलतमंद न बन पाने का असल कारण यह है कि उन्हें कभी दौलत बनाने वाले ऐसे सिस्टम की जानकारी नहीं मिली, जिसकी वे नक़ल कर सकें। दूसरे शब्दों में, हममें से ज़्यादातर ने ग़लत योजना की नक़ल कर ली है। चूँकि हमें दौलत बनाने वाली योजना की जानकारी ही नहीं है, जिसकी हम नक़ल कर सकें, इसलिए हम उस चीज़ की नक़ल कर लेते हैं, जिसे हमारी जान-पहचान का हर व्यक्ति कर रहा है - यानी हम नौकरी करने लगते हैं! हम वही करते हैं, जो ज़्यादातर लोग करते हैं ... और परिणामस्वरूप हमें वही मिलता है, जो ज़्यादातर लोगों को मिलता है!

नौकरी बुरी नहीं होती

मेहरबानी करके यह समझ लें कि मैं नौकरियों को बुरा नहीं कह रहा हूँ। मैं तो नौकरी से मिलने वाले परिणामों को बुरा कह रहा हूँ। अगर नौकरी करने से सच्ची दौलत बनती होती, तो मैं सबसे पहले आपको नौकरी की राह पर चलने की सलाह देता। लेकिन ऐसा नहीं होता है - यही इसकी कठोर, कटु सच्चाई है!

सामान्य वृद्धि के बजाय तीव्र घातांकीय वृद्धि की नक़ल करें

सच्चाई यह है कि आप आमदनी कमाने वाले सिस्टम की नक़ल करके कभी सच्ची दौलत नहीं बना पाएँगे, क्योंकि यह *सामान्य वृद्धि* पर आधारित है। सच्ची दौलत बनाने का सिस्टम *लीवरेज्ड ग्रोथ* पर आधारित होता है।

अगले अध्याय में हम सामान्य वृद्धि की सीमाओं को ग़ौर

से देखेंगे। हम इस बारे में भी बातचीत करेंगे कि अगर हम सच्ची दौलत बनाकर पूरी तरह स्वतंत्र होने के बारे में सचमुच गंभीर हैं, तो हमें लीवरेज वाले सिस्टम की नक़ल करने की ज़रूरत क्यों है।

3

सामान्य बुद्धि : पैसे-के-बदले-समय-देना

3

सामान्य बुद्धि : पैसे-के-बदले-समय-देना

सारा दिन काम करो
घास पर जियो।
जब तुम मरते हो,
तो स्वर्ग नहीं जाते हो।

–जो हिल, 1920 के दशक के यूनियन ऑर्गेनाइज़र

पहले मैं अपने सेमिनार में लोगों को बताता था कि ज़्यादातर कर्मचारी 40/40/40 योजना पर चलते हैं – वे हफ़्ते में 40 घंटे काम करते हैं ... 40 साल तक ऐसा करते हैं ... और रिटायर होते वक़्त उन्हें रिटायरमेंट डिनर के साथ 40 डॉलर की घड़ी मिलती है!

लेकिन हमारी तेज़ी से बदलती दुनिया में बहुत सी चीज़ों की तरह ही 40/40/40 योजना भी दक़ियानूसी हो गई है। आज हममें से ज़्यादातर लोग 50/50/50/50 योजना पर चलने लगे हैं। आजकल हम हफ़्ते में *50 घंटे काम करते हैं ... साल में 50 हफ़्ते काम करते हैं ... 50 साल तक ऐसा करते हैं ... और रिटायर होने पर हमें अपने वेतन का 50 प्रतिशत हिस्सा मिलता है, जिस पर हम आज भी गुज़ारा नहीं कर पाते हैं!*

पैसे-के-बदले-समय की चक्की

50/50/50/50 योजना आमदनी कमाने का आदर्श उदाहरण है, क्योंकि यह सामान्य वृद्धि पर आधारित है। सामान्य वृद्धि वाली आमदनी की गणना बड़ी सरल है :

H (*hourly wage*) x **N** (*number of hours worked*) = **I** (*income*)

प्रति घंटे तनख़्वाह x काम के घंटे = आमदनी

सामान्य वृद्धि की परिभाषा है "काम के अनुपात में परिणाम।" सामान्य शब्दावली में इसका मतलब यह है कि आप जितना भीतर डालते हैं, आपको उतना ही मिलता है - न उससे कम, न उससे ज़्यादा। सामान्य आमदनी में समय की एक इकाई के बदले में पैसे की एक इकाई मिलती है। इसका मतलब यह है कि सामान्य वृद्धि पर आधारित आमदनी बढ़ाने का एकमात्र तरीक़ा ज़्यादा घंटे काम करना है ... या फिर प्रति घंटे तनख़्वाह बढ़वाना है।

देखिए, पहली नज़र में सामान्य वृद्धि वाली आमदनी काफ़ी तर्कसंगत नज़र आती है। यह उन लोगों को पुरस्कृत करती है, जिन्हें प्रति घंटे अच्छी रक़म मिलती है और जो ज़्यादा घंटे काम करना चाहते हैं। लेकिन सामान्य वृद्धि की आमदनी वाले कर्मचारियों की सबसे बड़ी समस्या यह है कि उनकी आमदनी की एक ऊपरी सीमा हमेशा रहेगी, भले ही उनकी प्रति घंटे आमदनी कितनी ही ज़्यादा हो।

पेंटर और प्रोफ़ेशनल

सामान्य वृद्धि की सीमाओं को अच्छी तरह से समझने के लिए उदाहरण देख लेते हैं। आइए, दो बहुत अलग-अलग व्यवसायों के मेरे दो परिचितों पर नज़र डालते हैं - इनमें से एक घर पेंट

करने के बिज़नेस में है और दूसरा डॉक्टर है।

पेंटर का नाम गैरी है। वह एक छोटे से पेंटिंग और वॉलपेपरिंग बिज़नेस का मालिक है। वह क्लियरवाटर, फ़्लोरिडा में मेरे घर के पास रहता है। गैरी कड़ी मेहनत करता है। वह सुबह जल्दी ही काम में जुट जाता है और अँधेरा होने तक लगातार काम करता रहता है। संभव होने पर वह वीकएंड्स में भी काम करता है।

गैरी के काम करने की दर 30 डॉलर प्रति घंटे है। लेकिन यात्रा के समय, ख़र्च, बीमे, टैक्स आदि का ख़र्च निकालने के बाद उसके भुगतान की वास्तविक दर शायद 20 डॉलर प्रति घंटे के क़रीब है। अगर ख़ुशक़िस्मती से गैरी हर दिन 10 घंटे काम करे और सप्ताह में छह दिन काम करता रहे, तो एक साल में उसकी कमाई इतनी होगी :

1 x 20 डॉलर = *20 डॉलर प्रति घंटे*

प्रति सप्ताह 60 घंटे = *1,200 डॉलर प्रति सप्ताह*

50 सप्ताह प्रति साल = *60,000 डॉलर प्रति वर्ष*

देखिए, 60,000 डॉलर की रक़म कम नहीं होती है। बहुत से लोग एक साल में 60,000 डॉलर कमाना चाहेंगे। लेकिन गैरी एक साल में इससे ज़्यादा कभी नहीं कमा सकता और वह भी तब, जब एक के बाद एक अच्छा काम लगातार मिलता रहे। अब ज़रा यह भी देख लें कि गैरी अपने बेहतरीन साल की कितनी क़ीमत चुकाता है :

- ✔ यह सप्ताह में सिर्फ़ एक दिन अपनी पत्नी और बच्चों के साथ रह पाता है।
- ✔ वह साल में कभी 60,000 डॉलर से ज़्यादा नहीं कमा पाएगा, चाहे वह कितनी ही कड़ी मेहनत कर ले।

- ✔ वह शायद ही कभी काम के बीच छुट्टी लेता है और अगर लेता भी है, तो इतना थका-मांदा (या कड़का) होता है कि इसका आनंद नहीं ले पाता!
- ✔ सामान्य वृद्धि पर आधारित आमदनी की ख़ातिर काम करने का सबसे बुरा पहलू यह है : *गैरी को अपने काम का भुगतान सिर्फ़ एक बार ही मिलता है।* इसका मतलब यह है कि आख़िरी चेक मिलने के बाद वह दोबारा पैसे-के-बदले-समय की चक्की चलाने लगता है।

प्रोफ़ेशनल्स : ज़्यादा आमदनी वाले हाउस पेंटर्स से अधिक नहीं

अब आइए जॉन स्मिथ, एम.डी. की ज़िंदगी पर दोबारा नज़र डालते हैं, जो अपनी प्रैक्टिस में साल भर में 2,50,000 डॉलर कमाते हैं। डॉ. स्मिथ जनरल प्रैक्टिशनर हैं और प्राइवेट क्लीनिक में इलाज करते हैं। उनके यहाँ चार पूर्णकालिक कर्मचारी हैं, जिनमें से दो रजिस्टर्ड नर्स हैं। बहरहाल, डॉ. स्मिथ को मरीज़ों को ख़ुद देखना होता है। इसलिए वे दिन में आठ घंटे काम करते हैं और सप्ताह में छह दिन मरीज़ों को देखते हैं ... इसके अलावा काग़ज़ी कामों को निबटाने में हर दिन दो घंटे का वक़्त चला जाता है ... और हर महीने दो रविवार बिज़नेस संबंधी मामलों में लग जाते हैं।

डॉ. स्मिथ के पास अपनी आमदनी बढ़ाने का एक ही रास्ता है : अपने काम के घंटे बढ़ाना। लेकिन वे पहले ही दिन में 10 घंटे काम कर रहे हैं, इसलिए घर पहुँचने तक वे इतने ज़्यादा थक जाते हैं कि होमवर्क में बच्चों की मदद नहीं कर सकते या उनके फ़ुटबॉल मैच देखने नहीं जा सकते – और वे अपने काम के घंटे तो बढ़ा ही नहीं सकते।

अपनी नौकरी के ग़ुलाम

यह सच है कि डॉ. स्मिथ बहुत सारा पैसा बनाते हैं। लेकिन इसकी क़ीमत यह है कि वे पीओडब्ल्यू (Prisoner Of Work) यानी काम के क़ैदी हैं! वे ख़ुद को जाल में फँसा महसूस करते हैं! वे कुंठित ... नाराज़ ... और दुखी हैं, लेकिन उन्हें समझ नहीं आता कि इस बारे में क्या करें। इसलिए वे चक्की पीसते रहते हैं, डॉलर पाने की ख़ातिर अपना समय देते रहते हैं और उम्मीद करते रहते हैं कि हालात कभी न कभी तो सुधरेंगे - हालाँकि अपने दिल में वे यह बात अच्छी तरह जानते हैं कि ऐसा कभी नहीं होगा!

सामान्य वृद्धि पर आधारित आमदनी के साथ यही दिक़्क़त है। अगर आप ख़ुद काम नहीं कर रहे हैं, तो काम नहीं हो पाता। अगर काम नहीं हो पाता, तो आपको भुगतान भी नहीं मिलता है। और भुगतान पाने का इकलौता तरीक़ा काम को बार-बार करते रहना है। भगवान न करे कि यह पेंटर या डॉक्टर कभी बीमार पड़े या घायल हो जाए, जिसकी वजह से वह काम न कर पाए!

आपकी चक्की कितने पैसे देती है?

आपकी क्या स्थिति है? क्या आप भी पैसे-के-बदले-समय की चक्की में फँसे हुए हैं? अगर ऐसा है, तो आपकी चक्की आपको कितने पैसे देती है? आगे व्यवसायों और उनकी औसत सालाना तनख़्वाह की सूची दी गई है, जिसे *परेड मैग्ज़ीन* ने अपनी सालाना रिपोर्ट "*व्हाट पीपुल अर्न*" में प्रकाशित किया था। ज़रा देखें कि दूसरे व्यवसायों की तुलना में आपकी सालाना आमदनी कितनी है :

2008 अमेरिका* में नौकरियों की आम तनख़्वाह

पेशा	***सालाना तनख़्वाह***
अस्पताल का सफ़ाईकर्मी	21,000 डॉलर
हाई स्कूल टीचर	46,500 डॉलर
कंपनी का वकील	91,500 डॉलर
सेक्रेटरी	29,000 डॉलर
सेल्स क्लर्क	21,500 डॉलर
अमेरिका का राष्ट्रपति	4,00,000 डॉलर
अख़बार का संवाददाता	38,500 डॉलर
ट्रैवल एजेंट	30,000 डॉलर
डॉक्टर	1,44,000 डॉलर
पादरी	42,000 डॉलर
अकाउंटेंट	44,500 डॉलर

**अमेरिका में परिवार की औसत आमदनी – 48,000 डॉलर*

क्या आपको यह जानकर हैरानी हुई कि देश की दूसरी नौकरियों की आमदनी की तुलना में आपकी आमदनी कितनी कम है ? देखिए, आपको और भी ज़्यादा हैरानी होगी, जब आप अपनी सालाना आमदनी की तुलना किसी बड़ी कंपनी के सीईओ के भुगतान से करेंगे।

ग़ौर करें कि 2008 में सीईओ की तनख़्वाह आम कर्मचारी की तनख़्वाह की तुलना में कितनी थी :

सीईओ और कर्मचारियों के बीच आमदनी की खाई

कर्मचारी की तनख़्वाह : 35,000 डॉलर

सीईओ की तनख़्वाह : 10.5 मिलियन डॉलर

2008 में सीईओ की तनख़्वाह = 10.5 मिलियन डॉलर
कर्मचारी की तनख़्वाह = 35,000 डॉलर
अनुपात = 300 : 1

क्या यह आश्चर्यजनक नहीं है कि कंपनी के एक व्यक्ति का मूल्य तो 10.5 मिलियन डॉलर हो, जबकि उसी कंपनी के सामान्य कर्मचारी का मूल्य सिर्फ़ 30,000 डॉलर हो ? आपके मन में यह सवाल आ रहा होगा, *यह कैसे हो सकता है ?*

लीवरेज से पैसे-के-बदले-समय के जाल को तोड़ना

मैं एक ही शब्द में आपके सवाल का जवाब दे सकता हूँ - **लीवरेज**। देखिए, जब आम कर्मचारी डॉलर की ख़ातिर समय की अदला-बदली करता है, तो उसकी आमदनी सामान्य तरीक़े से बढ़ रही है। इस मामले में समय की एक इकाई धन की एक इकाई के बराबर होती है। कर्मचारी की आमदनी उसी की 100 प्रतिशत कोशिशों का नतीजा है।

दूसरी ओर, सीईओ अपने कर्मचारियों के माध्यम से अपने समय और योग्यताओं की लीवरेजिंग करता है। अपनी 100 प्रतिशत कोशिशों के बजाय वह अपने सभी कर्मचारियों की कोशिशों

का एक निश्चित प्रतिशत हिस्सा कमाता है। जे. पॉल गेटी का यही मतलब था, जब उन्होंने कहा था, *"मैं अपनी 100 प्रतिशत कोशिशों के बजाय 100 व्यक्तियों की कोशिशों का 1 प्रतिशत कमाना चाहूँगा।"* इसीलिए लीवरेजिंग में इतना दम है - आप पूरे समूह की कोशिशों का थोड़ा सा हिस्सा कमाते हैं।

हर्शीज़ कैंडी बार इसका आदर्श उदाहरण है। प्रत्येक हर्शीज़ कैंडी बार पर कंपनी को ज़्यादा से ज़्यादा एक-दो पेनी का शुद्ध मुनाफ़ा होता होगा। लेकिन हर साल दुनिया भर में अरबों हर्शीज़ बार्स बिकती हैं। इसीलिए हर्शीज़ कैंडी बार बनाने वाली मार्स, इंक. कंपनी को हर साल अरबों डॉलर का मुनाफ़ा होता है। और इसीलिए इसके सीईओ की आमदनी **भारी-भरकम** होती है!

संन्यासी और चेन सॉ

लीवरेजिंग की अवधारणा संन्यासी और चेन सॉ की कहानी जैसी है। एक दिन एक बूढ़ा संन्यासी अपनी पहाड़ी गुफा से उतरकर स्थानीय हार्डवेयर स्टोर में एक चेन सॉ (लकड़ी काटने वाली आरी) ख़रीदने आया।

संन्यासी ने युवा सेल्स क्लर्क से गर्व से कहा, *"अब मैं अपनी गुफा में नहीं रहना चाहता। मैं अपने लिए लकड़ी का एक नया घर बनाना चाहता हूँ। मुझे सबसे अच्छी आरी चाहिए - क़ीमत चाहे जो हो।"*

युवा सेल्स क्लर्क एक पल के लिए वेयरहाउस में गया और एक नई चमचमाती हुई चेन सॉ लेकर लौटा। उसने पूरे यक़ीन के साथ संन्यासी को बताया, *"यह बाज़ार में मिलने वाली सबसे अच्छी चेन सॉ है। इससे पेड़ उतनी ही आसानी से चिर जाएँगे, जितनी आसानी से चाकू बटर को चीर देता है। मैं गारंटी देता हूँ कि यह महीने भर की लकड़ी एक ही दिन में काट देगी - वरना मैं अपनी*

तनख़्वाह से आपका पूरा पैसा लौटा दूँगा!"

यह सुनकर संन्यासी ख़ुश हो गया। उसने क्लर्क को पैसे दिए, अपनी चमचमाती चेन सॉ का हैंडल पकड़ा और पहाड़ की ओर चल दिया।

ठीक एक महीने बाद जब युवा क्लर्क शेल्फ़ पर सामान जमा रहा था, तभी उसने संन्यासी की आवाज़ सुनी, जो हवा को कोड़े की तरह चीरती हुई आई। *"बेटा, मैं यह सॉ लौटाने आया हूँ। तुमने वादा किया था कि तुम मेरा पूरा पैसा लौटा दोगे। अब अपना वादा पूरा करो।"*

क्लर्क ने बूढ़े संन्यासी को ग़ौर से देखा – और उसका हुलिया देखकर हैरान रह गया! ऐसा लग रहा था, जैसे संन्यासी कई हफ़्तों से नहीं सोया हो। उसके कपड़े फट गए थे और ख़ून-पसीने से लथपथ थे। ऐसा नज़र आ रहा था, जैसे मेहनत कर-कर के वह मौत के मुँह में पहुँच गया हो।

क्लर्क ने हकलाते हुए पूछा, *"आ... आप... आपको क्या हुआ? आपकी हालत तो भयंकर दिख रही है!"*

बूढ़े संन्यासी ने अपनी पूरी ताक़त बटोरी और चेन सॉ को उठाकर काउंटर पर रखते हुए कहा, *"यह सब इसी घटिया आरी का नतीजा है, जो तुमने मुझे बेची थी। तुमने कहा था कि यह एक महीने की लकड़ी एक ही दिन में काट देगी। मगर देखो, क्या हुआ? मैं एक महीने से इसका इस्तेमाल कर रहा हूँ और इस दौरान मैं एक दिन की लकड़ी भी नहीं काट पाया। मुझे मेरा पैसा वापस चाहिए!"*

हैरान क्लर्क ने माफ़ी माँगते हुए कहा, *"बिलकुल, मैं अपना वादा ज़रूर पूरा करूँगा। बस मैं चेन सॉ की जाँच करके देख लूँ। शायद मैं पता लगा सकूँ कि गड़बड़ क्या है।"*

क्लर्क ने पुल रोप को ज़ोर से खींचा और चेन सॉ की तेज़ आवाज़ दुकान में गूँजने लगी – *"ब्र–र–र–र–र–र–र–र–र!!"*

संन्यासी काउंटर से उछलकर पीछे पहुँच गया, जैसे उसे किसी ने गोली मार दी हो। फिर वह जमकर चिल्लाया, *"यह कैसी आवाज़ है?"*

लीवरेज के बारे में सबक़

क्या आप ऐसी चेन सॉ से पेड़ काटने की कोशिश करने की कल्पना कर सकते हैं, जिसे चालू ही न किया गया हो? कोई हैरानी नहीं कि संन्यासी का हुलिया और हालत ख़राब थी। इस कहानी से यह सबक़ मिलता है कि लीवरेज एक ज़बर्दस्त साधन है, लेकिन सिर्फ़ तभी, जब उसका सही इस्तेमाल किया जाए।

चेन सॉ समय और मेहनत की लीवरेजिंग का बेहतरीन साधन है। अगर आपने कभी हैंड सॉ से किसी बड़े पेड़ के तने को काटने की कोशिश की हो, तो आप मेरा मतलब अच्छी तरह समझ जाएँगे। विडंबना यह है कि संन्यासी के हाथों में लीवरेज का एक शक्तिशाली साधन था। उसे तो बस इसके इस्तेमाल का तरीक़ा मालूम नहीं था! दूसरे शब्दों में, वह योग्यता या कोशिश की कमी के कारण असफल नहीं हुआ था। *वह तो ज्ञान की कमी के कारण असफल हुआ था!*

यही आम आदमी के बारे में भी कहा जा सकता है। लीवरेज की शक्ति के माध्यम से हम थोड़े से समय और थोड़ी सी मेहनत से अपने लक्ष्य हासिल कर सकते हैं। हम दरअसल "महीने भर की लकड़ी एक दिन में ही काट सकते हैं।" लेकिन लीवरेज का पूरा फ़ायदा उठाने के लिए हमें इसकी मौजूदगी का ज्ञान होना चाहिए। वरना हमारा हाल भी संन्यासी जैसा ही होगा – हम डॉलर की ख़ातिर समय की अदला-बदली करके (*ज़्यादा कड़ी मेहनत*

करके) आगे निकलने की कोशिश करते रहेंगे। ऐसी स्थिति में हम अपने समय तथा प्रयासों की लीवरेजिंग नहीं करेंगे। यह तो *काम करने का स्मार्ट तरीक़ा* नहीं है।

क्या 65 साल की उम्र तक आम आदमी इसीलिए मर जाएगा ... कड़का रहेगा ... या अपनी रोज़ी-रोटी के लिए देश, परिवार या चर्च पर निर्भर रहेगा - क्योंकि बहुत सारे लोग लीवरेज वाली योजना के बजाय सामान्य योजना की नक़ल कर रहे हैं ?

ज्ञान पहला क़दम है

सही स्थिति में सही क़िस्म के लीवरेज की नक़ल करके हम पहाड़ हिला सकते हैं ... और मिलियनों डॉलर कमा सकते हैं।

सवाल यह है, *"आप दौलत बनाने के किस सिस्टम की नक़ल करना चाहते हैं ?"*

क्या आप दौलत बनाने के सामान्य सिस्टम की नक़ल आगे भी करना चाहते हैं ? क्या आप यही चाहते हैं कि आपका हाल भी उसी बूढ़े संन्यासी जैसा हो ? क्या आप भी बहुत कम फ़ायदे के लिए बहुत ज़्यादा मेहनत करना चाहते हैं ?

या फिर आप युवा क्लर्क जैसा बनना चाहेंगे और लीवरेज की चेन सॉ को चालू करने का तरीक़ा सीखना चाहेंगे ?

यह आप अगले अध्याय में सीखेंगे। वहाँ आपको ऐसे आज़माए हुए तरीक़े मिलेंगे, जिनसे हम अपने समय और मेहनत की लीवरेजिंग कर सकते हैं। इन तरीक़ों की बदौलत हम पैसे-के-बदले-समय के जाल से बाहर निकल सकते हैं - **हमेशा-हमेशा के लिए** - और वह आर्थिक स्वतंत्रता हासिल कर सकते हैं, जिसके हम हक़दार हैं।

4

लीवरेज वाली वृद्धि : ज़्यादा कड़ी नहीं, बल्कि ज़्यादा स्मार्ट मेहनत करना

4

लीवरेज वाली वृद्धि : ज़्यादा कड़ी नहीं, बल्कि ज़्यादा स्मार्ट मेहनत करना

व्यस्त होना ही काफ़ी नहीं है; चींटियाँ भी व्यस्त रहती हैं। असल सवाल तो यह है : हम किस काम में व्यस्त हैं?

–हेनरी डेविड थोरो

अगस्त 1888 में अटलांटा के एक केमिस्ट आसा कैंडलर ने 2,300 डॉलर नक़द भुगतान करके कोका-कोला नामक कार्बोनेटेड फ़ाउंटेन ड्रिंक के संपूर्ण अधिकार ख़रीद लिए।

कोका-कोला अटलांटा इलाक़े में फ़ौरन सफल हो गया। 19वीं सदी के अंत तक दक्षिण के हर ड्रग स्टोर में एक सोडा फ़ाउंटेन होता था, जहाँ बैठकर ग्राहक 5 सेंट में ठंडा कोक पी सकता था।

फिर कैंडलर ने एक ऐतिहासिक निर्णय लिया, जिसने कोका-कोला को एक छोटी सी क्षेत्रीय कंपनी से अंतर्राष्ट्रीय स्तर पर मशहूर कर दिया। कैंडलर ने यह फ़ैसला किया कि उनकी कंपनी लीवरेजिंग के एक अनूठे रूप का इस्तेमाल करके कम समय और कोशिश से ज़्यादा पैसा बनाएगी। लीवरेजिंग का यह अनूठा रूप था – *बॉटलिंग!*

कोक की अंतर्राष्ट्रीय सफलता का राज़

कोक को बोतल में बेचने के कैंडलर के निर्णय के पीछे एक दिलचस्प कहानी है। किंवदंती है कि एक दिन कैंडलर का एक अच्छा दोस्त उनके ऑफ़िस में आया। उसने दावा किया कि अगर कैंडलर उसे एक मोटी रक़म दें, तो वह उन्हें एक ऐसा राज़ बता सकता है, जिससे कोका-कोला के मुनाफ़े में भारी बढ़ोतरी हो जाएगी।

दोनों में दिन भर काफ़ी मोल-भाव हुआ। आख़िरकार कैंडलर की जिज्ञासा ने जवाब दे दिया और उन्होंने अपने दोस्त के नाम एक चेक काट दिया। दोस्त ने चेक लिया और फिर आगे झुककर कैंडलर के कान में दो छोटे शब्द कहे, जिनसे एक विश्वप्रसिद्ध ब्रांड का जन्म हुआ : *बॉटल इट! (इसे बोतल में बेचो!)* सौभाग्य से कैंडलर इतने समझदार थे कि उन्होंने अपने दोस्त की सलाह पर अमल कर लिया। और बाक़ी इतिहास है।

समय और जगह की लीवरेजिंग

बॉटल इट!

एक पल के लिए ज़रा इन शब्दों की शक्ति के बारे में सोचें। बोतल में आने से पहले कोक पीने के लिए आपको अपने क़रीबी सोडा फ़ाउंटेन जाना पड़ता था - इसके बिना और कोई उपाय ही नहीं था। बोतल में आने से पहले कोक की बिक्री तभी बढ़ सकती थी, जब सोडा फ़ाउंटेन्स की संख्या बढ़े।

बॉटलिंग से यह सब बदल गया। अब कोक का स्वाद लेने के लिए ग्राहक को सोडा फ़ाउंटेन की ज़रूरत नहीं रह गई, क्योंकि कोक का सिक्स-पैक ख़रीदकर आज ग्राहक सोडा फ़ाउंटेन को अपने साथ घर ले आता है!

नतीजा यह है कि दुनिया का लगभग हर व्यक्ति अपने घर में आराम से बैठकर कोका-कोला के ताज़गी भरे पेय का आनंद ले सकता है, चाहे दिन हो या रात। ऐसा इसलिए हुआ, क्योंकि कोका-कोला कंपनी में इतनी समझदारी थी कि उसने अपना प्रॉडक्ट बोतल में बेचकर समय, प्रयास और जगह की *लीवरेजिंग* की।

लीवरेज क्या है?

लीवरेज शब्द *लीवर* से बना है, जो एक पुराने फ़्रेंच शब्द से आया है, जिसका मतलब है, "ज़्यादा हल्का बनाना।" यह लीवरेज की शक्ति का सटीक वर्णन है। कुछ लीवर्स या औज़ारों का समझदारी से उपयोग करके मुश्किल काम कम कोशिश से कम समय में किए जा सकते हैं, जिससे वे वाक़ई "ज़्यादा हल्के" हो जाते हैं।

ज़रा सोचें, लीवरेज के बिना कार का इंजन बदलने में कितनी मेहनत लगेगी? आपको क्या लगता है, आपकी कार के इंजन को बाहर निकालने के लिए कितने मज़बूत लोगों की ज़रूरत होगी – 5 ? 10 ? इससे ज़्यादा ?

अब ज़रा इस पर ग़ौर करें कि आपका कार मेकेनिक उसी काम को कितने कम समय और कितनी कम कोशिश से कर देता है। पहले तो वह इंजन के ऊपर एक मज़बूत बीम पर होइस्ट (भारी सामान उठाने वाली मशीन) को सही जगह पर रखेगा। फिर होइस्ट की रस्सियों और ज़ंजीरों से इंजन को बाँधेगा। इसके बाद वह पुल रोप को बिजली से चलने वाली मशीन से जोड़ देगा। स्विच दबाते ही इंजन चंद पलों में हवा में उठ जाता है।

यही लीवरेज की शक्ति है – यह समय, प्रयास और पैसे बचाकर अधिकतम उत्पादकता को संभव बनाता है।

कॉरपोरेशन्स किस तरह लीवरेज का इस्तेमाल करते हैं

लीवरेज का इस्तेमाल करके सदियों से मेहनती लोग अपने कामों को "ज़्यादा हल्का" बना रहे हैं - यानी ज़्यादा लाभकारी और उत्पादक बना रहे हैं। उत्पादकता में वृद्धि का यही मतलब है : ज़्यादा मेहनत के बजाय ज़्यादा स्मार्ट तरीक़े से काम करना। ऐसा तरीक़ा खोजना, जिससे काफ़ी कम समय में काफ़ी ज़्यादा पैसा बनाया जा सके।

कर्मचारियों को नौकरी पर रखना वह सबसे स्पष्ट तरीक़ा है, जिससे बिज़नेस मालिक अपने समय की लीवरेजिंग करते हैं। फ़ोर्ड मोटर कंपनी से लेकर सोनी तक दुनिया की लगभग हर बड़ी कंपनी एक अकेले मालिक से शुरू हुई, जिसने कर्मचारियों के माध्यम से अपने समय और योग्यताओं की लीवरेजिंग की।

मिसाल के तौर पर, अगर हेनरी फ़ोर्ड अकेले ही मॉडल टी कार बनाते, तो इसका 100 प्रतिशत मुनाफ़ा उन्हीं की जेब में जाता। लेकिन वे जानते थे कि अकेले काम करने पर वे एक साल में एक-दो कार ही बना पाएँगे। फ़ोर्ड इतने स्मार्ट थे कि उन्होंने अपने समय और योग्यताओं की लीवरेजिंग करके कर्मचारियों को अपने सिस्टम की नक़ल करना सिखाया। लीवरेजिंग की शक्ति से फ़ायदा उठाते हुए फ़ोर्ड ने हर साल हज़ारों कारें बनाईं - और इतिहास के सबसे अमीर व्यक्तियों में से एक बन गए!

रियल एस्टेट बेचने में स्मार्ट बनना

रियल एस्टेट कंपनियाँ बरसों से लीवरेजिंग करके फ़ायदा उठा रही हैं, लेकिन कर्मचारियों के बजाय वे स्वतंत्र कॉन्ट्रैक्टर्स (जिन्हें रियल एस्टेट एजेंट्स के नाम से जाना जाता है) की टीम बनाकर लीवरेजिंग

करती हैं।

आइए देखते हैं, टेड नामक काल्पनिक रियल एस्टेट प्रोफ़ेशनल कम समय में ज़्यादा पैसा बनाने के लिए लीवरेजिंग का किस तरह इस्तेमाल करता है। टेड लगभग 20 साल से रियल एस्टेट बेच रहा है। शुरुआत में क़िस्मत अच्छी रहने पर वह हर महीने एक घर बेचने में कामयाब हो जाता था। अनुभव बढ़ने के साथ-साथ टेड अपने काम में माहिर होता चला गया। इस बिज़नेस में पाँच साल के बाद वह हर साल औसतन 50 मकान बेचने लगा।

लेकिन टेड चाहे कितनी भी कड़ी मेहनत करता, उसके लिए हर सप्ताह एक से ज़्यादा मकान बेचना असंभव था। आख़िर, वह ग्राहकों को एक दिन में कितने मकान दिखा सकता है? वह एक सप्ताह में ग्राहकों के साथ कितने सौदे पक्के कर सकता है? यही सोचकर उसने एक ऑफ़िस खोलने का फ़ैसला किया।

टेड ने अपने कुछ रिएल्टर मित्रों को अपनी कंपनी में नियुक्त कर लिया और वे उसके लिए काम करने लगे। अब तक उसकी कंपनी में 20 शीर्षस्थ रियल एस्टेट एजेंट आ चुके हैं। इनमें से हर एजेंट हर साल 50 मकान बेचता है, जिसका मतलब है कि उसका ऑफ़िस हर साल 1,000 मकान बेच रहा है!

अब ज़रा ग़ौर करें कि लीवरेज ने टेड को कितना फ़ायदा पहुँचाया। अपने दम पर टेड साल में सिर्फ़ 50 मकान ही बेच सकता था। दूसरे एजेंट्स के समय और योग्यताओं की लीवरेजिंग करके वह 1,000 मकान बेच सकता है – जो अकेले काम करने पर असंभव होता। लीवरेजिंग का इस्तेमाल करके वह 20 गुना ज़्यादा परिणाम पा रहा है, हालाँकि वह कम घंटे काम कर रहा है। *"मेहनत से नहीं, चतुराई से काम करो"* कहावत का यही मतलब है!

फ्रैंचाइज़िंग के माध्यम से लीवरेजिंग

फ्रैंचाइज़िंग ने लीवरेजिंग की अवधारणा को रियल एस्टेट ऑफ़िस से भी ज़्यादा ऊँचे स्तर पर पहुँचा दिया। हालाँकि फ्रैंचाइज़िंग काफ़ी समय से हमारे बीच मौजूद थी, लेकिन 1950 के दशक तक इसे "वैध" व्यवसाय के रूप में मान्यता नहीं मिली थी। फ्रैंचाइज़िंग का सितारा तब चमका, जब रे क्रॉक नामक मिल्क शेक अप्लाएंस सेल्समैन ने मैकडॉनल्ड्स नामक फ़ास्ट-फ़ूड रेस्तराँ के फ्रैंचाइज़ी अधिकार ख़रीदे।

ध्यान रहे, रे क्रॉक ने फ्रैंचाइज़िंग का आविष्कार नहीं किया था। अलबत्ता उन्होंने इसे आदर्श ज़रूर बनाया। क्रॉक यह बात अच्छी तरह समझते थे कि सफल फ्रैंचाइज़िंग की कुंजी है नक़ल (डुप्लीकेशन)। इसलिए उन्होंने एक त्रुटिरहित सिस्टम बनाया, जिसमें सफल फ्रैंचाइज़ी का छोटे से छोटा विवरण भी लिखा था। इस दिशा में वे इतनी दूर तक गए कि उन्होंने आदर्श फ्रेंच फ्राइज़ संबंधी शोध पर 30 लाख डॉलर ख़र्च कर डाले। परिणाम यह हुआ कि मैकडॉनल्ड्स फ्रैंचाइज़ी ख़रीदने वाले का काम आसान बन गया। उसे तो बस बिंदुओं को आपस में जोड़ना भर था। यह नक़लची का साकार स्वप्न था!

इस बारे में सोचें – जब आप किसी मैकडॉनल्ड्स फ्रैंचाइज़ी में दाख़िल होते हैं, तो फ्रेंच फ्राइज़ मशीन कहाँ रखी रहती है ? बाईं तरफ़, है ना ? इससे कोई फ़र्क़ नहीं पड़ता कि फ्रैंचाइज़ी इडाहो के मॉस्को में है या रूस के मॉस्को में। फ्रेंच फ्राइज़ मशीन हमेशा बाईं तरफ़ रहती है। और इस बात पर भी यक़ीन कर लें कि बाक़ी हर विवरण भी लिखा रहता है और सही जगह रहता है।

डुप्लीकेशन : सफल फ्रैंचाइज़िंग की कुंजी

फ्रैंचाइज़िंग की अवधारणा इतनी कारगर इसलिए है, क्योंकि यह बहुत सरल है - बेहद सरल। यह आदर्श जीत/जीत स्थिति होती है, जिसमें फ्रैंचाइज़ी देने और लेने वाले दोनों को ही फ़ायदा होता है।

प्रयोग और अनुभव के बाद जब कोई प्रॉडक्ट (जैसे डोमिनोज़ पिज़्ज़ा) या आवश्यक सेवा (जैसे किंकोज़ कॉपियर सर्विस) अच्छी तरह सफल हो जाता है, तभी उसका फ्रैंचाइज़ी दिया जाता है। फ्रैंचाइज़ी देने वाला अपने प्रॉडक्ट या सेवा प्रदान करने का एक आदर्श बिज़नेस मॉडल तैयार करता है, जिसकी नक़ल बड़ी आसानी से की जा सकती है। सफल फ्रैंचाइज़र बनने की कुंजी है एक सफल सिस्टम तैयार करना और फिर विस्तार से लिखना कि किन चीज़ों को करने की ज़रूरत है। तभी यह मॉडल दूसरे लोगों को सिखाया जा सकता है।

अगर मॉडल आज़माया हुआ है और आम आदमी उसकी नक़ल कर सकता है, तभी फ्रैंचाइज़िंग सफल हो सकती है। बहरहाल, अगर मॉडल की सफलता लाखों-करोड़ों में एक "सितारे" की प्रतिभा पर निर्भर है, तो फ्रैंचाइज़िंग सफल नहीं हो सकती, क्योंकि उस सितारे की नक़ल नहीं की जा सकती।

"सितारों" का डुप्लीकेशन नहीं किया जा सकता

अभिनेता टॉम क्रूज़ एक फ़िल्म के दो करोड़ डॉलर लेते हैं। इसकी वजह यह है कि वे बेजोड़ सितारे हैं। हॉलीवुड की शब्दावली में वे "बैंकेबल" हैं यानी उनकी बदौलत ज़बर्दस्त आमदनी की जा सकती है। जब टॉम क्रूज़ किसी फ़िल्म में होते हैं, तो इस बात की गारंटी

सी रहती है कि फ़िल्म पैसे बनाएगी – ढेर सारे पैसे!

बहरहाल, आप "टॉम क्रूज़" प्रॉडक्ट के *फ्रैंचाइज़ी* नहीं दे सकते, क्योंकि उनका डुप्लीकेशन संभव नहीं है। आम आदमी टॉम क्रूज़ के कामों की नक़ल करके वैसे ही परिणाम नहीं पा सकता। इसीलिए आप रचनात्मक क्षेत्रों में फ्रैंचाइज़ी नहीं दे सकते, जैसे बेस्टसेलिंग पुस्तक लिखना या कोई हिट गीत गाना। चूँकि ये क्षेत्र स्टार फ़ैक्टर पर निर्भर करते हैं, इसलिए वे अनूठे हैं और उनकी नक़ल नहीं की जा सकती।

बहरहाल, कुछ प्रॉडक्ट्स और व्यवसायों की आसानी से नक़ल की जा सकती है। पिज़्ज़ा इसका आदर्श उदाहरण है। इसमें डलने वाले पदार्थ बहुतायत में मिलते हैं और सस्ते भी हैं। एक आदर्श प्रॉडक्ट बनाने में सिर्फ़ चंद मिनट लगते हैं। और हाई स्कूल की शिक्षा प्राप्त (या इससे भी कम शिक्षित) कोई भी महत्वाकांक्षी व्यक्ति पिज़्ज़ा हट या डोमिनोज़ के फ्रैंचाइज़ी मॉडल की नक़ल करना सीख सकता है। आइए, यह बात दिमाग़ में अच्छी तरह बिठा लें, सफल फ्रैंचाइज़ी बनने के लिए रॉकेट साइंटिस्ट जैसी योग्यताओं की ज़रूरत नहीं होती। इसके लिए तो बस एक आज़माए हुए सिस्टम की आदर्श नक़ल की ज़रूरत होती है।

शून्य से शिखर तक

क्या डुप्लीकेशन के माध्यम से समय और पैसे की लीवरेजिंग की अवधारणा कारगर है? इस सवाल के जवाब के लिए आपको तो बस यह देखना होगा कि पिछले 50 सालों में फ्रैंचाइज़िंग के क्षेत्र में क्या हुआ। जिस समय रे क्रॉक ने अपने सिस्टम को डुप्लीकेट करना शुरू किया, उस वक़्त ज़्यादातर लोग फ्रैंचाइज़िंग को "स्कैम" मानते थे। अमेरिकी संसद ने तो इसे ग़ैर-क़ानूनी घोषित करने

की भी कोशिश की थी।

विडंबना देखिए, फ्रैंचाइज़िंग की अवधारणा तब से अब तक कितनी ज़्यादा बदल चुकी है? विशेषज्ञों का अनुमान है कि आज अमेरिका में 34 से 60 प्रतिशत वस्तुएँ व सेवाएँ फ्रैंचाइज़िंग के माध्यम से डिस्ट्रिब्यूट होती हैं। आज दुनिया भर के चतुर निवेशक सफल फ्रैंचाइज़ी की नक़ल करने के अधिकार के लिए लाखों डॉलर का भुगतान कर रहे हैं।

फ्रैंचाइज़िंग की अभूतपूर्व सफलता के पीछे नक़ल या डुप्लीकेशन की अवधारणा का महत्वपूर्ण योगदान है। बहरहाल, फ्रैंचाइज़िंग की सबसे बड़ी समस्या यह है कि फ्रैंचाइज़ी बनने के लिए बहुत सारा पैसा देना पड़ता है। सच तो यह है कि मैकडॉनल्ड्स का फ्रैंचाइज़ी बनने के लिए बहुत कम लोगों के पास दस लाख डॉलर देने की कूवत है। समस्या इस बात से और बढ़ जाती है कि फ्रैंचाइज़ी सिस्टम में सचमुच दौलतमंद बनने के लिए आपको बहुत से फ्रैंचाइज़ेस का मालिक बनना होगा और उन्हें चलाना होगा।

वैकल्पिक फ्रैंचाइज़ी : सर्वोच्च कॉपीकैट सिस्टम

मान लें, फ्रैंचाइज़ी जैसी कोई ऐसी अवधारणा होती, जिसकी शुरुआती लागत सिर्फ़ 500 डॉलर होती। और मान लें कि यह "वैकल्पिक फ्रैंचाइज़ी" इंसान के पास मौजूद लीवरेज वाली वृद्धि ग्रोथ के सबसे शक्तिशाली रूप का लाभ लेता – *चक्रवृद्धि के ज़रिए तीव्र घातांकीय वृद्धि*। तब आपके पास दौलत बनाने का सर्वोच्च कॉपीकैट सिस्टम होता, है ना?

कभी इतिहास के सबसे अमीर लोगों के पास दौलत बनाने का जो सिस्टम था, आज आम आदमी उसकी नक़ल कर सकता है।

आज ऐसा तरीक़ा है, जिससे आप एक बार काम करके उसका 1,000 बार भुगतान ले सकते हैं, बजाय इसके कि आप मौजूदा सिस्टम में 1,000 बार काम करके सिर्फ़ एक बार भुगतान लें।

आगे के पन्नों में आपको तीव्र घातांकीय वृद्धि के बारे में ज़्यादा बताया जाएगा, जो दौलत बनाने का ऐसा आज़माया हुआ सिस्टम है, जिसकी आम लोग नक़ल कर सकते हैं। आगे आप यह सीखेंगे कि तीव्र घातांकीय वृद्धि और फ़्रैंचाइज़ी अवधारणा का तालमेल किस तरह आपको इतना शक्तिशाली बना सकता है, ताकि आप वर्तमान में मौजूद किसी भी अन्य आमदनी तंत्र के मुक़ाबले कम समय में ज़्यादा व्यक्तिगत दौलत बना लें!

5

तीव्र घातांकीय वृद्धि : दौलत बनाने का फ़ॉर्मूला

5

तीव्र घातांकीय वृद्धि : दौलत बनाने का फ़ॉर्मूला

अगर आप अमीर बनना चाहते हैं, तो बस किसी ऐसे व्यक्ति को खोज लें, जो बहुत सारे पैसे बना रहा हो और वही करें, जो वह कर रहा है।

–जे. पॉल गेटी

मैं इस अध्याय की शुरुआत एक प्रसंग से करना चाहूँगा। यह ओसियोला मैक्कार्टी नामक 88 साल की धोबन के बारे में है। यह प्रसंग आपकी आँखें खोल देगा और आप दुनिया में दौलत बनाने वाले लीवरेज के सबसे शक्तिशाली, सबसे सर्वसुलभ रूप को देख सकेंगे। इसे *चक्रवृद्धि (compounding)* कहा जाता है और इसमें रंक को राजा बनाने की शक्ति होती है।

मुश्किल ज़िंदगी

एक बात तो तय थी। ओसियोला मैक्कार्टी की ज़िंदगी मुश्किल थी। दूसरे ग्रेड में ही उन्हें स्कूल की पढ़ाई छोड़नी पड़ी। आठ साल की उम्र में ही वे पड़ोसियों के कपड़े धोने और प्रेस करने में अपनी माँ की मदद करने लगीं। सत्तर साल बाद भी ओसियोला धोबन का ही काम कर रही थीं।

द्वितीय विश्व युद्ध के अंत तक वे एक बंडल के डेढ़-दो डॉलर लेती थीं - बंडल का मतलब था चार लोगों के परिवार की हफ़्ते भर की लॉन्ड्री। युद्ध के बाद उन्होंने भाव बढ़ाकर 10 डॉलर प्रति बंडल कर दिए। अपने सबसे अच्छे साल में भी, दिन में 10 घंटे काम करने और सप्ताह में छह दिन तक काम करने के बाद भी ओसियोला को कभी 9,000 डॉलर से ज़्यादा आमदनी नहीं हुई।

छोटी-छोटी बचतों से बड़ा फ़र्क़ पड़ता है

40 साल की उम्र में ओसियोला आख़िरकार पैसे बचाना शुरू करने में कामयाब हुईं। उन्होंने पहले तो पेनी और निकल बचाए ... फिर क्वार्टर्स और अंततः डॉलर के नोट। उन्होंने अपनी बचत एक स्थानीय बैंक में जमा कर दी और उसे पलटकर नहीं देखा। वक़्त के साथ उनकी बचत बढ़ती गई और मूल धन तथा बचत पर ब्याज बढ़ता चला गया।

1995 की गर्मियों में ओसियोला मैक्कार्टी ने - जो प्राइमरी स्कूल की ड्रॉप-आउट थीं और जिनकी आमदनी कभी एक साल में 9,000 डॉलर से ज़्यादा नहीं रही - *यूनिवर्सिटी ऑफ़ सदर्न मिसिसिपी को 1,50,000 डॉलर का दान दिया!*

चक्रवृद्धि : दुनिया का 8वाँ चमत्कार

ऐसा कैसे संभव हुआ? लगभग अशिक्षित और औसत से कम आमदनी वाली आम महिला इतनी दौलत कैसे इकट्ठी कर पाई? ओसियोला के ख़ुद के शब्दों में, *"दौलत बनाने का रहस्य है चक्रवृद्धि ब्याज।"*

वेब्स्टर ने चक्रवृद्धि ब्याज को इस तरह परिभाषित किया

है : "मूल धन और संग्रहीत ब्याज दोनों पर ब्याज का भुगतान।" इस परिभाषा में प्रमुख शब्द है "संग्रहीत।" अगर दोबारा निवेश करने के बजाय मूल धन या ब्याज को ख़र्च कर दिया जाए, तो चक्रवृद्धि की शक्ति कम हो जाती है।

चक्रवृद्धि को "दोगुना होने की अवधारणा" (doubling concept) भी कहा जाता है। इसने इतिहास में जितनी दौलत पैदा की है, उतनी किसी निवेश साधन ने नहीं की। चक्रवृद्धि की बदौलत आपका पैसा आपके लिए हमेशा काम करता रहता है, भले ही आप काम न कर रहे हों। महान वैज्ञानिक अल्बर्ट आइंस्टीन ने तो चक्रवृद्धि को "संसार का 8वाँ अजूबा" कहा था। वाक़ई चक्रवृद्धि दौलत बनाने का ऐसा सिद्धांत है, जो वॉल स्ट्रीट और बैंकिंग उद्योग को चलाता है।

तीव्र घातांकीय वृद्धि = विस्फोटक वृद्धि

चक्रवृद्धि में ऐसा क्या है, जिसकी बदौलत इसे "दुनिया का 8वाँ चमत्कार" कहा जाता है? चक्रवृद्धि का कौन सा गुण छोटी सी बचत को दौलत में बदल देता है? जवाब है *तीव्र घातांकीय वृद्धि*, जो समय और धन की लीवरेजिंग का सर्वोच्च साधन है।

आपको याद होगा कि अध्याय 3 में हमने सामान्य वृद्धि की सीमाओं के बारे में बात की थी। तीव्र घातांकीय और सामान्य वृद्धि में कितना ज़्यादा फ़र्क़ होता है, यह समझने के लिए आइए गणित के कुछ बुनियादी सिद्धांतों की समीक्षा कर लेते हैं, जो हमने मिडिल स्कूल में सीखे थे।

सामान्य (linear) का मतलब है बुनियादी गणित के कुछ काम, जैसे साधारण जोड़-घटाना। आम *सामान्य समीकरण* कुछ इस तरह का होता है :

$$5 + 5 = 10$$

इसका नाम सामान्य (linear) इसलिए पड़ा, क्योंकि इसमें वृद्धि सीधी लकीर या रेखा में होती है - क़दम दर कदम। इसीलिए हम लीनियर या *सामान्य समीकरण* को "एकल घात" भी गणना कहते है।

दूसरी ओर, तीव्र घातांकीय का संबंध गुणा करने के ज़्यादा शक्तिशाली रूप "वर्ग" या "घात" से है। आम *तीव्र घातांकीय समीकरण* इस तरह का होता है :

$$5^2 = 25$$

(बनाम लीनियर या सामान्य समीकरण $5 = 5 = 10$)

इसे तीव्र घातांकीय (exponential) नाम इसलिए दिया गया, क्योंकि छोटी संख्या दूसरी संख्या की घात बनकर उसके ऊपर और आगे रखी जाती है। यह घात की संख्या बताती है कि मूल अंक को कितनी बार ख़ुद से गुणा किया जाना चाहिए। इसीलिए हम गणित में तीव्र घातांकीय समीकरणों को "दूसरी घात" या "तीसरी घात" आदि के रूप में कहते हैं।

मुद्दे की बात पर ग़ौर करें। सामान्य वृद्धि क्रमशः और क्रमिक होती है। तीव्र घातांकीय वृद्धि तेज़ और नाटकीय होती है। अपने पैसे ... या समय का निवेश करते वक़्त आपको यह सरल समीकरण याद रखना चाहिए :

"सामान्य मतलब सीमित।
तीव्र घातांकीय मतलब विस्फोटक।"

72 का नियम

तीव्र घातांकीय वृद्धि की ज़बर्दस्त शक्ति को ज़्यादा अच्छी तरह समझने के लिए आइए हम *72 के नियम* की दोगुनी करने वाली अवधारणा पर नज़र डालते हैं। 72 का नियम एक सरल फ़ॉर्मूला है, जिससे आप यह पता लगा सकते हैं कि कोई निवेश कितने सालों में दोगुना होगा।

इसका तरीक़ा यह है : निवेशित राशि कितने साल में दोगुनी होगी, यह पता लगाने के लिए सबसे पहले तो वार्षिक ब्याज दर मालूम करें। फिर 72 में ब्याज दर का भाग दे दें। जवाब में आने वाली संख्या बताती है कि कितने साल में आपका पैसा दोगुना हो जाएगा।

मिसाल के तौर पर, मान लें कि आपने 10,000 डॉलर की राशि शेयर बाज़ार में लगाई है, जिससे आपको 10 प्रतिशत का सालाना लाभ होता है (पिछले 50 सालों में शेयर बाज़ार का सालाना लाभ 10 प्रतिशत है)।

72 के नियम का उदाहरण

10,000 डॉलर का मूल निवेश

निवेश पर 10 प्रतिशत लाभ

72 ÷ 10 = 7.2 साल

इसलिए 10,000 डॉलर को दोगुना करने यानी 20,000 डॉलर करने में आपको 7.2 साल लग जाएँगे।

72 के नियम के मुताबिक गणना करना सरल है, लेकिन इस फ़ॉर्मूले के परिणाम किसी चमत्कार से कम नहीं हैं। आगे दिए गए

चार्ट में 10 प्रतिशत वार्षिक ब्याज दर से सामान्य और तीव्र घातांकीय वृद्धि की तुलना की गई है (याद रखें, 10 प्रतिशत ब्याज दर से 10,000 डॉलर हर 7.2 साल में दोगुने हो जाएँगे।)

सामान्य वृद्धि (सामान्य जोड़ने की अवधारणा)	***तीव्र घातांकीय वृद्धि*** (दोगुना होने की अवधारणा)
निवेश : 10,000 डॉलर	10,000 डॉलर
7 साल बाद 10K डॉलर + 10K डॉलर = 20K डॉलर	20,000 डॉलर
14 साल बाद 20K डॉलर + 10K डॉलर = 30K डॉलर	40,000 डॉलर
22 साल बाद 30K डॉलर + 10K डॉलर = 40K डॉलर	80,000 डॉलर
29 साल बाद 40K डॉलर + 10K डॉलर = 50K डॉलर	1,60,000 डॉलर
36 साल बाद 50K डॉलर + 10K डॉलर = 60K डॉलर	3,20,000 डॉलर
43 साल बाद 60K डॉलर + 10K डॉलर = 70K डॉलर	6,40,000 डॉलर
50 साल बाद 70K डॉलर + 10K डॉलर = 80K डॉलर	13,00,000 डॉलर

इस चार्ट से तीव्र घातांकीय वृद्धि की शक्ति साफ़ पता चल जाती है - और यह सामान्य वृद्धि की गंभीर सीमाएँ भी उजागर कर देता है। दोनों ही वृद्धियों के पहले कुछ साल लगभग समान रहते हैं। लेकिन चूँकि तीव्र घातांकीय वृद्धि का आधार दोगुना होना है, इसलिए समय के साथ निवेश विस्फोटक गति से बढ़ता है। महायोग ही पूरी कहानी बयान कर देता है - *सामान्य वृद्धि से 80,000 डॉलर मिलते हैं, जबकि तीव्र घातांकीय वृद्धि से 13 लाख डॉलर मिलते हैं!*

इसीलिए मैं तीव्र घातांकीय वृद्धि को "दौलत बनाने का फ़ॉर्मूला" कहता हूँ। तीव्र घातांकीय वृद्धि आपके पैसे को क़दम दर क़दम नहीं बढ़ाती। यह तो उसे कई गुना बनाती है।

चक्रवृद्धि से दौलतमंद बनने की आपकी राह

चक्रवृद्धि से तीव्र घातांकीय वृद्धि की शक्ति की आदर्श मिसाल देखना चाहेंगे ? यह है दुनिया के सबसे अमीर व्यक्तियों में से एक वॉरेन बफ़ेट द्वारा स्थापित इनवेस्टमेंट फ़ंड। अगर आप बफ़ेट द्वारा 1956 में स्थापित बर्कशायर हैथअवे फ़ंड में 10,000 डॉलर का निवेश करते और साल दर साल डिविडेंड का दोबारा निवेश करते, तो आज आपका निवेश 8 करोड़ डॉलर हो जाता!

असंभव लगता है, है ना ?... सिर्फ़ 10,000 डॉलर के निवेश से 8 करोड़ डॉलर की रक़म!

लेकिन यही चक्रवृद्धि का लाभ है। यही इसकी शक्ति है। यह साल दर साल आपके निवेश को तेज़ी से बढ़ाता है। अगर अब भी कोई शक हो, तो कुछ कंपनियों पर नज़र डालकर देख लें, जिन्होंने समय के साथ 100 गुना विकास कर लिया है : सिस्को ... आईबीएम ... वॉल-मार्ट ... माइक्रोसॉफ़्ट ... सूची लंबी है। अगर आपमें दूरदर्शिता होती ... धैर्य होता ... और आप इनमें से किसी कंपनी में निवेश कर देते, तो आज आप करोड़पति होते।

आम आदमी का लीवरेज

मैं चक्रवृद्धि को *"आम आदमी का लीवरेज"* कहता हूँ और ओसियोला मैक्कार्टी उसकी आदर्श मिसाल हैं। मैंने पिछले अध्याय में लीवरेज के दो अन्य प्रकारों के बारे में बात की है - कर्मचारी और फ्रैंचाइज़िंग। ये दोनों ही लीवरेजिंग के शक्तिशाली साधन हैं। लेकिन उनसे फ़ायदा उठाने के लिए आपके पास या तो बहुत सारा पैसा होना चाहिए या फिर बहुत सारी योग्यता होनी चाहिए।

दूसरी ओर, लगभग हर व्यक्ति चक्रवृद्धि की ज़बर्दस्त शक्ति से फ़ायदा उठा सकता है। चक्रवृद्धि दौलत बनाने के तीव्र घातांकीय

सिस्टम की रीढ़ है। यह आपके समय, योग्यताओं, मेहनत और पैसे के लीवरेज का बड़ा सशक्त साधन है।

आगे आने वाले पन्नों में आप जो कॉपीकैट सिस्टम सीखने जा रहे हैं, वह चक्रवृद्धि की दो सबसे बड़ी सीमाओं को ख़त्म कर देता है - समय और पैसा। मैं इसे समझाता हूँ। आज ज़्यादातर लोगों के पास निवेश करने के लिए 1,00,000 डॉलर ... या 50,000 डॉलर ... यहाँ तक कि 10,000 डॉलर की बचत भी नहीं है। और अगर है भी, तो वे इसकी तीव्र घातांकीय वृद्धि के लिए 40-50 साल तक इंतज़ार नहीं करना चाहते। जीवन-यापन का ख़र्च आसमान छूने लगा है और दो आमदनी वाले परिवारों को भी ख़र्च चलाने में मुश्किल आ रही है। ऐसे में मेहनत से कमाए पैसे के निवेश का विचार उतना कारगर नहीं लगता। एक तो उनकी बचत न के बराबर है और दूसरे, उनकी वर्तमान समस्याएँ आरामदेह रिटायरमेंट की भावी उम्मीद पर भारी पड़ जाती हैं।

समय धन है

तो सवाल यह है, "आप हज़ारों डॉलर निवेश किए बिना तीव्र घातांकीय वृद्धि के ज़रिए दौलत कैसे बना सकते हैं ... या ज़िंदगी भर इंतज़ार किए बिना अपनी छोटी सी बचत को कई गुना कैसे कर सकते हैं?" इस सवाल का जवाब एक सस्ती, नक़ल-योग्य या अनुकरणीय (1) अवधारणा में मिलता है, जो फ़्रैंचाइज़िंग और तीव्र घातांकीय वृद्धि का मिला-जुला रूप है। इसे नेटवर्क मार्केटिंग कहा जाता है।

यह सच है कि दुनिया में ज़्यादातर लोगों के पास ज़्यादा पैसे नहीं हैं। अलबत्ता एक चीज़ हम सभी के पास है - समय। आइए, इस बात को स्वीकार कर लें कि हम सभी अपनी मनचाही चीज़

करने का समय निकाल सकते हैं। अगर हम सच्ची दौलत बनाना चाहें, तो हमें समय के सदुपयोग पर ध्यान देने की ज़रूरत है। हम हमेशा अपने दिन का शेड्यूल इस तरह बना सकते हैं, ताकि हमें अपनी मनचाही चीज़ करने के लिए कुछ घंटे मिल जाएँ।

यहाँ पर आगामी दशकों के लिए सफलता का एक आसान फ़ॉर्मूला बताया जा रहा है :

T = एक कॉपीकैट मॉडल (फ्रैंचाइज़िंग की अवधारणा) की नक़ल करने में निवेशित समय (time)

E^2 = तीव्र घातांकीय वृद्धि (exponential growth)

\$ = आर्थिक स्वतंत्रता (financial freedom)

T x E^2 = \$

आगे के पन्नों में आप सीखेंगे कि नेटवर्क मार्केटिंग किस तरह आपको दौलतमंद बनने की राह पर ले जाती है, जिसमें आप अपने पैसे का नहीं ... बल्कि समय का निवेश करते हैं।

सवाल यह नहीं है कि सच्ची दौलत बनाने वाला यह सरल, नक़ल-योग्य या अनुकरणीय तंत्र कारगर है या नहीं। इसकी सफलता में कहीं, कोई संदेह नहीं है। इसके कारगर होने का सबूत यह है कि इस उद्योग की बदौलत हज़ारों-लाखों लोग आर्थिक स्वतंत्रता पा चुके हैं, इसका विश्वव्यापी टर्नओवर 100 बिलियन डॉलर का हो चुका है और यह 10 प्रतिशत की सालाना दर से बढ़ रहा है।

मेरे दोस्त, सवाल यह नहीं है कि यह आज़माया हुआ तंत्र कारगर है या नहीं। असल सवाल तो यह है : *"क्या आपमें इसे भाँपने की भविष्य-दृष्टि है ... इसे समझने की बुद्धिमत्ता है ... और इसका फ़ायदा उठाने का साहस है, ताकि आप भी नक़ल करके दौलत की अपनी मंज़िल तक पहुँच जाएँ ?"*

6

सिनर्जी :
स्वर्ग में बना जोड़ा

6

सिनर्जी : स्वर्ग में बना जोड़ा

अगर आपने आसमान में महल बनाए हैं, तो इसका मतलब यह नहीं है कि आपका काम निरर्थक है। महल तो वहीं होने चाहिए। अब बस उनके नीचे नींव रख दें।

–हेनरी डेविड थोरो

अर्नेस्ट हाम्वी नामक एक संकल्पवान अप्रवासी 1905 के विश्व मेले में पेपर-थिन पर्शियन वैफ़ल्स बेचने की पूरी कोशिश कर रहा था। वह सूरज उगने से डूबने तक खड़ा रहता था ... अपने वैफ़ल स्टैंड के पास से गुज़रने वाले हर व्यक्ति को मुफ़्त सैंपल भी देता था ... लेकिन किसी चीज़ से सफलता नहीं मिल रही थी। कोई भी उसके वैफ़ल्स नहीं ख़रीद रहा था।

वह यह देख-देखकर और भी ज़्यादा दुखी था कि उससे दो बूथ छोड़कर लगे आइसक्रीम बूथ पर भीड़ लगी रहती थी। हर दिन मेले में घूमने वाले हज़ारों लोग गर्मी और भूख से परेशान होकर अर्नेस्ट के सूने वैफ़ल बूथ के पास से गुज़रते थे और आइसक्रीम बूथ के सामने लाइन में खड़े हो जाते थे। अर्नेस्ट दिन भर देखता था कि आइसक्रीम बेचने वाला दोनों हाथों से कमाई कर रहा था। यह जले पर नमक छिड़कने जैसा था!

एक गर्म, भीड़ भरी दोपहर को अर्नेस्ट की क़िस्मत अचानक पलट गई। आइसक्रीम इतनी तेज़ी से बिक रही थी कि वह जिस कप में भरकर बेची जा रही थी, वे कप ही ख़त्म हो गए। आइसक्रीम वाला दौड़कर अर्नेस्ट के वैफ़ल स्टैंड तक आया और अतिरिक्त प्लेट्स माँगने लगा।

स्वर्ग में बना जोड़ा

अर्नेस्ट के पास एक भी प्लेट नहीं थी। उसके पास तो नर्म, मीठे पर्शियन वैफ़ल्स के ढेर थे, जिन्हें कोई मुफ़्त में भी लेने को तैयार नहीं था। अचानक अर्नेस्ट के मन में एक विचार आया। क्यों न वह अपने वैफ़ल का एक कोन बना ले, जिसमें आइसक्रीम बेची जा सके। उसने अपने विचार पर अमल करते हुए वैफ़ल का कोन बनाया और यह जादू की तरह कामयाब हुआ - और यह आइसक्रीम कोन के साथ दुनिया की प्रेम कहानी की शुरुआत थी।

आइसक्रीम और अर्नेस्ट के वैफ़ल कोन घोड़ा और गाड़ी की तरह एक साथ सरपट भागने लगे। यह स्वर्ग में बना जोड़ा था। आइसक्रीम कोन रातोरात मशहूर हो गए और 1905 के विश्व मेले की सबसे हिट चीज़ साबित हुए। आज एक सदी बाद भी आइसक्रीम कोन दुनिया का प्रिय व्यंजन है।

आइसक्रीम कोन का प्रसंग सिनर्जी की अवधारणा का बेहतरीन उदाहरण है। इसका मतलब है कि दो अलग-अलग प्रॉडक्ट्स या अवधारणाओं का तालमेल अक्सर इसके हिस्सों के योग से ज़्यादा होता है। आइसक्रीम कोन सक्रिय सिनर्जी की मिसाल है :

आइसक्रीम का स्वाद अच्छा होता है।

वैफ़ल्स का स्वाद अच्छा होता है।

उन्हें एक साथ मिला दें - **उनका स्वाद ग़ज़ब का होता है!**

रचनात्मक सिनर्जी की ज़बर्दस्त शक्ति

इतिहास ऐसी घटनाओं से भरा हुआ है, जहाँ दो अलग-अलग अवधारणाओं की सिनर्जी से क्रांतिकारी प्रॉडक्ट्स उत्पन्न हुए ... अविश्वसनीय रूप से लाभकारी उद्योगों का जन्म हुआ ... और वृहद अवसर पैदा हुए!

सिनर्जी की मेरी एक प्रिय कहानी एक बड़ी फ़ॉरचून 500 कंपनी द 3एम कॉरपोरेशन के एक ऐतिहासिक बेस्टसेलिंग प्रॉडक्ट के बारे में है। इस कंपनी के एक कर्मचारी के सामने एक समस्या थी। वह चर्च में जो भजन की पुस्तक पढ़ता था, उसका बुकमार्क बार-बार गिर जाता था। वह इस समस्या को दूर करने का तरीक़ा खोज रहा था।

एक दिन कंपनी के विचारमंथन सत्र में उसने अपनी समस्या बताई। इससे कंपनी के एक केमिकल इंजीनियर को एक नए एडहेसिव का असफल प्रयोग याद आ गया, जिसमें कोई चीज़ पूरी तरह चिपकने के बजाय हल्के से ही चिपकती थी। इंजीनियर ने कर्मचारी को सुझाव दिया कि अगर वह उस असफल एडहेसिव को नोटपैड के पीछे लगा लेगा, तो उसकी समस्या दूर हो जाएगी। प्रयोग सफल हुआ और अंततः नोटपैड और असफल एडहेसिव की असंभव लगने वाली जोड़ी पोस्ट-इट नोट® बन गई - एक ऐसा प्रॉडक्ट, जो हर साल 3एम को बिलियनों डॉलर कमाकर देता है!

सफल सिनर्जी का रहस्य

सफल सिनर्जी की कुंजी है दो अलग-अलग दिखने वाली असंबद्ध अवधारणाओं को मिलाकर एक बिलकुल ही नया प्रॉडक्ट या सेवा

उत्पन्न करना। कई बार सिनर्जी क़िस्मत से हो जाती है, जैसा आइसक्रीम कोन के आविष्कार में हुआ। बाक़ी मामलों में सिनर्जी बहुत रचनात्मक लोगों की "असाधारण" सोच का परिणाम होती है। कारण चाहे जो हो, सफल सिनर्जी का प्रभाव शक्तिशाली ... अप्रत्याशित ... विस्फोटक ... और ज़िंदगी बदलने वाला होता है।

आइए आधुनिक युग की चार सिनर्जियों पर संक्षिप्त नज़र डालते हैं, जिन्होंने दुनिया भर के लोगों की ज़िंदगी बदल दी :

कार – अगर विश्वव्यापी सर्वे में लोगों से किसी एक आविष्कार का नाम पूछा जाए, जो 20वीं सदी का सबसे ज़्यादा प्रतिनिधित्व करता है, तो ज़्यादातर लोग संभवतः कार (automobile) का नाम लेंगे। *कार और कुछ नहीं, घोड़ागाड़ी और इन्टर्नल कम्बस्शन इंजन का सिनर्जीयुक्त तालमेल है।* इस सिनर्जी के ज़रिए जर्मनी में कार्ल बेंज़ और अमेरिका में हेनरी फ़ोर्ड ने दुनिया को आधुनिक युग में पहुँचा दिया।

ईमेल – क्या आप ईमेल के बिना बिज़नेस करने की कल्पना कर सकते हैं? टेलीफ़ोन के अपवाद को छोड़कर ईमेल आज उपलब्ध सबसे सस्ता और असरदार व्यावसायिक साधन है।

पर्सनल कंप्यूटर और इंटरनेट – पर्सनल कंप्यूटर बेहतरीन सिनर्जीयुक्त प्रॉडक्ट है – *कैलकुलेटर और टाइपराइटर का बेजोड़ तालमेल। 1960 के दशक में एप्पल कंप्यूटर के सह-संस्थापक स्टीवन जॉब्स ने एक सपना देखा।* उनका सपना था कि निकट भविष्य में एक छोटा, सस्ता, अविश्वसनीय रूप से शक्तिशाली कंप्यूटर दुनिया के हर घर, ऑफ़िस और स्कूल की डेस्क पर रखा होगा। पीसी

को इंटरनेट के साथ जोड़ दें और आपको ई-कॉमर्स बूम मिल जाता है, जो बिज़नेस - और दुनिया - के भविष्य को यक़ीनन बदल देगा।

फ्रैंचाइज़िंग - संभवतः फ्रैंचाइज़िंग बीसवीं सदी का सबसे सफल बिज़नेस मॉडल है। फ्रैंचाइज़िंग सियर्स जैसे सफल चेन स्टोर और छोटे बिज़नेस मालिक का *सिनर्जीयुक्त तालमेल है। यह अवधारणा पिछले 50 सालों में ज़बर्दस्त सफल रही है।* कुछ विशेषज्ञों का अनुमान है कि आज अमेरिका में बिकने वाली एक तिहाई वस्तुएँ और सेवाएँ फ्रैंचाइज़िंग के माध्यम से बेची जाती हैं।

यक़ीनन इन चार सफल सिनर्जियों ने दुनिया पर बहुत ज़्यादा और गहरा असर डाला है। यक़ीनन इनमें से हर सिनर्जी ने बेशुमार दौलत कमाने में अनगिनत लोगों की मदद की है। लेकिन यह कहना सुरक्षित है कि इस सूची का अंतिम उदाहरण - फ्रैंचाइज़िंग - ही आम आदमी के लिए सबसे व्यावहारिक साधन है, जिसकी नक़ल करके वह दौलत की राह पर पहुँच सकता है।

फ्रैंचाइज़िंग : नक़लचियों का साकार स्वप्न

देखिए, एक बात तो तय है। बहुत कम लोगों के पास नया कंप्यूटर डिज़ाइन करने या बनाने ... या कार डीलरशिप का मालिक बनने और चलाने ... या फ़ैक्स मशीन बेचने वाले रिटेल स्टोर का मालिक बनने लायक़ दिमाग़ या पैसा होता है। हक़ीक़त तो यह है कि आप इन व्यवसायों की नक़ल नहीं कर सकते, क्योंकि इनमें विशेष योग्यताओं या ढेर सारी रक़म या दोनों की ही ज़रूरत होती है।

यही फ्रैंचाइज़िंग की सुंदर ख़ासियत है। परिभाषा से ही स्पष्ट है कि फ्रैंचाइज़ी के मॉडल की नक़ल संभव है। अगर किसी प्रॉडक्ट

या सेवा की नक़ल नहीं हो सकती, तो उसका फ़्रैंचाइज़ी बनाना संभव नहीं है।

फ़्रैंचाइज़िंग उपभोक्ताओं के लिए सचमुच वरदान है, क्योंकि इसकी बदौलत किसी सफल प्रॉडक्ट या सेवा की दुनिया भर में सैकड़ों-हज़ारों जगहों पर नक़ल की जा सकती है। एक बार फिर, मैकडॉनल्ड्स इसका आदर्श उदाहरण है। पहला रेस्तराँ सिर्फ़ एक शहर सैन बरनार्डिनो, कैलिफ़ोर्निया में था। वहाँ खाने वाला लगभग हर व्यक्ति मैकडॉनल्ड भाइयों के सस्ते हैमबर्गर्स और फ़्रेंच फ़्राइज़ का दीवाना था। लेकिन फ़्रैंचाइज़िंग से पहले इन चीज़ों का स्वाद सिर्फ़ स्थानीय लोग ही ले पाते थे, क्योंकि रेस्तराँ एक ही शहर में था।

फ़्रैंचाइज़िंग के ज़रिए मैकडॉनल्ड्स ने अपने बर्गर्स और फ़्राइज़ को देश के हर शहर में पहुँचा दिया। आज 30,000 मैकडॉनल्ड्स रेस्तराँ 119 देशों में हैं और हर दो दिन में दुनिया में कहीं न कहीं एक नया रेस्तराँ खुल रहा है!

अगर उपभोक्ता फ़्रैंचाइज़िंग की अवधारणा से ख़ुश हैं, तो ज़रा सोचें कि फ़्रैंचाइज़ी के मालिक और चलाने वाले कितने ख़ुश होंगे – वे तो सातवें आसमान पर होंगे! स्पष्ट रूप से, हज़ारों बिज़नेस मालिकों की नज़र में फ़्रैंचाइज़िंग नक़लचियों का ऐसा सपना है, जो साकार हो चुका है!

फ़्रैंचाइज़िंग : यह कैसे काम करती है

दरअसल फ़्रैंचाइज़िंग एक आज़माया हुआ तरीक़ा है, जिसके ज़रिए लोग किसी सफल बिज़नेस की नक़ल करके दौलत की राह पर पहुँच सकते हैं। फ़्रैंचाइज़िंग सफल पार्टनरशिप की आदर्श मिसाल

है। अम्ब्रेला कंपनी - या फ्रैंचाइज़ी देने वाला - किसी निवेशक को एक आज़माया हुआ, लाभकारी सिस्टम बेचकर अपना मार्केट शेयर बढ़ाता है। निवेशक - या फ्रैंचाइज़ी लेने वाला - एक रेडीमेड बिज़नेस को ख़रीदता है। इसमें जोखिम की आशंका न के बराबर रह जाती है, क्योंकि वह उन महँगी ग़लतियों से बच जाता है, जो किसी भी नए शुरुआती बिज़नेस में होती ही होती हैं। यह आपकी-भी-जीत/मेरी-भी-जीत (win/win) स्थिति है।

फ्रैंचाइज़िंग व्यावसायिक सफलता की बीसवीं सदी की शायद सबसे महान कहानी है। जब मैकडॉनल्ड्स ने 1950 के दशक में अपना पहला फ्रैंचाइज़ी खोला, तो फ्रैंचाइज़िंग को ज़्यादातर गंभीर निवेशक धोखाधड़ी (scam) मानते थे। आज, सिर्फ़ 50 साल बाद, फ्रैंचाइज़िंग विश्वव्यापी क्रांति की श्रेणी में आ चुकी है। आश्चर्यजनक!

नेटवर्क मार्केटिंग : सर्वोच्च सिनर्जी

पल भर के लिए कल्पना करें कि आप दौलत बनाने वाली *सर्वोच्च सिनर्जी पैदा करने के प्रभारी होते* - जो इतनी ज़बर्दस्त, इतनी शक्तिशाली होती कि इस दुनिया में रहने वाले हर इंसान को स्पर्श करती और इस प्रक्रिया में उनकी ज़िंदगी को बेहतर बनाती तथा समृद्ध करती।

आपको ऐसी नक़लयोग्य या अनुकरणीय सिनर्जी उत्पन्न करनी होती, ताकि कोई भी उसकी नक़ल कर सके।

आपको इतनी सस्ती सिनर्जी उत्पन्न करनी होती, ताकि कोई भी उससे जुड़ सके।

आपकी सिनर्जी सामान्य के बजाय तीव्र घातांकीय दर से बढ़ती।

आपकी सिनर्जी दुनिया भर में उपलब्ध होती।

आपकी सिनर्जी पुरुषों और महिलाओं ... युवाओं और वृद्धों ... अमीरों और ग़रीबों सभी को फ़ायदा पहुँचाती।

आपकी सिनर्जी दौलत बनाने का सर्वोच्च कॉपीकैट सिस्टम होती।

देखिए, मुझे यह बताते हुए ख़ुशी हो रही है कि ऐसी क्रांतिकारी सिनर्जी मौजूद है! यह स्वर्ग में बना जोड़ा है ... दुनिया के इतिहास में दौलत बनाने वाले दो सबसे शक्तिशाली साधनों का रचनात्मक तालमेल ... *फ्रैंचाइज़िंग और तीव्र घातांकीय वृद्धि का जोड़ा।*

परिणाम है वह अवधारणा, जिसे मैं सर्वोच्च सिनर्जी – नेटवर्क मार्केटिंग – कहता हूँ। *सिनर्जी की कितनी बेहतरीन अवधारणा है – ऐसा फ्रैंचाइज़ी, जो तीव्र घातांकीय दर से बढ़े!*

नेटवर्क मार्केटिंग सिनर्जी का सर्वश्रेष्ठ उदाहरण है। यह आइसक्रीम है ... यह कार है ... यह फ़ैक्स मशीन है। और मेरे शब्दों पर ग़ौर करें, अगर आप सोच रहे हों कि फ्रैंचाइज़िंग कितनी बढ़िया चीज़ है – *तो आपने अभी कुछ देखा ही नहीं है!*

7

नेटवर्क मार्केटिंग : सर्वोच्च कॉपीकैट सिस्टम !

7

नेटवर्क मार्केटिंग : सर्वोच्च कॉपीकैट सिस्टम!

मैंने हमेशा महसूस किया है कि मुझे आविष्कारक नहीं – सिर्फ़ अच्छा नक़लची बनना है।

–मैक्स कूपर, मैकडॉनल्ड्स के 45 फ्रैंचाइज़ीज़ के मालिक

अब तक हम इस बात पर सहमत हो चुके हैं कि डुप्लीकेशन या नक़ल ही फ्रैंचाइज़िंग की सफलता की कुंजी है। इसके अलावा हम इस बात पर भी सहमत हो चुके हैं कि चक्रवृद्धि के ज़रिए तीव्र घातांकीय वृद्धि ही दौलत बनाने का समय सिद्ध तरीक़ा है।

इसीलिए मैं नेटवर्क मार्केटिंग को "सर्वोच्च सिनर्जी" (ultimate synergism) कहता हूँ – यह *फ्रैंचाइज़िंग की अवधारणा* के सर्वश्रेष्ठ पहलुओं को ... *तीव्र घातांकीय वृद्धि की अवधारणा* के सर्वश्रेष्ठ पहलुओं के साथ मिला देती है। यह स्वर्ग में बना जोड़ा है!

ये दोनों अवधारणाएँ मिलकर दौलत बनाने वाला सर्वोच्च कॉपीकैट सिस्टम – नेटवर्क मार्केटिंग – कैसे बनाती हैं, यह जानने से पहले आइए कुछ पल ठहरकर इन अवधारणाओं की समीक्षा कर लें।

अलाभकारी सेवक की नीतिकथा

जैसा हमने पहले बताया है, तीव्र घातांकीय वृद्धि (जिसे "चक्रवृद्धि" और "दोगुना होने की अवधारणा" भी कहा जाता है) दौलत बनाने वाली अवधारणा है, जो समय के इम्तहान में खरी उतरी है और जिसका फ़ायदा अमीर लोग हज़ारों सालों से उठा रहे हैं।

यहाँ तक कि बाइबल में भी चक्रवृद्धि के फ़ायदे का ज़िक्र मिलता है। जीसस की "अलाभकारी सेवक" की नीतिकथा में इसका स्पष्ट उल्लेख है। नीतिकथा कुछ इस तरह है :

एक बड़ी जायदाद का मालिक एक लंबी बिज़नेस यात्रा पर जाने वाला था। जाते वक़्त उसने अपने तीन विश्वसनीय सेवकों को बुलाया। उसने उनमें से हर एक को कुछ सिक्के देकर उनकी हिफ़ाज़त करने को कहा। पहले सेवक को पाँच सिक्के मिले; दूसरे सेवक को दो; और तीसरे सेवक को एक।

पहले दोनों सेवकों ने उन पैसों का निवेश कर दिया। मालिक के लौटने तक वे मूल धन को दोगुना कर चुके थे। ज़ाहिर है, मालिक ने उनकी समझदारी की प्रशंसा की।

बहरहाल, पैसा डूबने के डर से तीसरे सेवक ने अपना इकलौता सिक्का ज़मीन में गाड़ दिया। मालिक के लौटने पर उसने उन्हें वही सिक्का लौटा दिया ... इससे ज़्यादा कुछ नहीं। मालिक ने उस सेवक को फटकार लगाई कि उसने वह पैसा बैंकरों के पास निवेश क्यों नहीं किया। मालिक उस सेवक से इतने नाराज़ हुए कि उन्होंने उसे फ़ौरन नौकरी से निकाल दिया।

अपने पैसे से अपने लिए काम करवाना

यह नीतिकथा समझदारी भरे और लाभकारी निर्णयों के महत्व को

दर्शाती है, चाहे वे आर्थिक हों या आध्यात्मिक। अवसर ... या पैसा ... या गुण ... या योग्यताएँ ... या आत्मा का वरदान मिलना ही काफ़ी नहीं है। असल मुद्दा तो यह है कि आप उन वरदानों का करते क्या हैं – क्या आप उन्हें ज़मीन में गाड़ देते हैं या फिर समझदारी से उनका निवेश करते हैं, ताकि वे बढ़कर कई गुना हो सकें।

तीव्र घातांकीय वृद्धि की शक्ति स्पष्ट है – आप अपने पैसे से अपने लिए काम करवा सकते हैं और उसे दोगुना ... फिर चार गुना ... फिर आठ गुना ... और इस तरह कई गुना कर सकते हैं। चक्रवृद्धि के माध्यम से आपका पैसा आपके लिए काम कर रहा है – आपके सोते वक़्त भी! आइंस्टीन को यह मालूम था, इसीलिए उन्होंने चक्रवृद्धि को "संसार का 8वाँ अजूबा" कहा था!

समय मुद्दा है

ज़ाहिर है, एक पेंच है, वरना दुनिया का हर व्यक्ति दौलत बनाने के तीव्र घातांकीय सिस्टम की नक़ल कर रहा होता और हम सभी अमीर होते, है ना? पारंपरिक चक्रवृद्धि की दो **चुनौतियाँ** हैं, जो हममें से ज़्यादातर लोगों के लिए काफ़ी बड़ी हैं।

पहली, पैसों का निवेश करने के लिए यह ज़रूरी है कि घर ख़र्च के बाद हमारे पास हर महीने थोड़ा अतिरिक्त पैसा रहे। दुर्भाग्य से, ऐसा बहुत कम हो पाता है। जैसा एक कॉमेडियन ने एक बार कहा था, "हममें से ज़्यादातर लोगों के पास **पैसे** ख़त्म होने के बाद भी **बहुत सारा महीना** बचा होता है!" आम आदमी अगर ख़ुशक़िस्मत हो, तो हर महीने 100 डॉलर बचा सकता है – लेकिन साल भर में 1,200 डॉलर ख़ास बड़ी रक़म नहीं होती।

दूसरी चुनौती यह है कि चक्रवृद्धि के ज़रिए पैसा बढ़ाने में समय लगता है – काफ़ी समय! 1,000 डॉलर को दोगुना करके

2,000 डॉलर बनाने में सात साल से ज़्यादा समय लगेगा, बशर्ते यह शेयर बाज़ार में 10 प्रतिशत सालाना कमाए। दोगुना करने की अवधारणा ख़ास आकर्षक नहीं लगती है, जब आपके पास निवेश करने के लिए हज़ार डॉलर से भी कम हों - या सिर्फ़ कुछ हज़ार डॉलर हों।

सच तो यह है कि ज़्यादातर लोग वक़्त काटने में इतने ज़्यादा व्यस्त हैं कि चक्रवृद्धि के ज़रिए अमीर नहीं बन सकते। लेकिन नेटवर्क मार्केटिंग की बदौलत *आज फ्रैंचाइज़ी जैसा एक सिस्टम है, जो आपको दशकों के बजाय सिर्फ़ महीनों या सालों में तीव्र घातांकीय दौलत और स्वतंत्रता दिला सकता है!*

सिस्टम ही जवाब है

चूँकि नेटवर्क मार्केटिंग की नक़ल की जा सकती है, इसलिए यह दौलत बनाने का सर्वोच्च कॉपीकैट सिस्टम है। यह फ्रैंचाइज़ी जैसी ही अवधारणा है, जिसकी लागत कम है। इसमें संयोग या क़िस्मत के दख़ल की गुंजाइश ही नहीं है। नेटवर्क मार्केटिंग में सफल होने के लिए आपमें "स्टार" प्रतिभा का होना ज़रूरी नहीं है - टाइगर वुड्स या एंजेलिना जोली की तरह। इसके अलावा, आपको अल्बर्ट आइंस्टीन या बिल गेट्स की तरह नैसर्गिक प्रतिभा का धनी होने की ज़रूरत भी नहीं है।

मनोरंजन उद्योग के विपरीत नेटवर्क मार्केटिंग एक सितारे के आस-पास नहीं बनता है। यह तो साधारण लोगों के इर्द-गिर्द बनता है, जो असाधारण परिणाम पा रहे हैं - एक आज़माए हुए सिस्टम की नक़ल करके, जिसे वे दूसरों को भी सिखाते हैं (नेटवर्क मार्केटिंग का एक वर्णन यह भी है : "औसत से ज़्यादा आमदनी कमाने वाले औसत लोग")।

फ्रैंचाइज़ी शुरू करने में *लाखों डॉलर* ख़र्च होता है, जबकि नेटवर्क मार्केटिंग "फ्रैंचाइज़ी" सिर्फ़ *500* डॉलर के निवेश से ही शुरू हो जाता है! इसीलिए कुछ विशेषज्ञ नेटवर्क मार्केटिंग को "जनता का फ्रैंचाइज़ी" कहते हैं ... और इसीलिए मैं इसे "वैकल्पिक फ्रैंचाइज़ी" कहता हूँ।

सही योजना की नक़ल करना

एक बड़ा व लाभकारी फ्रैंचाइज़ी बनाना दरअसल वैसा ही है, जैसा कि एक बड़ी, लाभकारी नेटवर्क मार्केटिंग डिस्ट्रिब्यूटरशिप बनाना। दोनों ही के लिए आपको हुनरमंद नक़लची के रूप में अपनी ईश्वर-प्रदत्त योग्यताओं का लाभ उठाने की ज़रूरत होती है। जैसा हम सहमत हो चुके हैं, यह गुण आपमें पहले से ही मौजूद है। नेटवर्किंग के माध्यम से आप फ्रैंचाइज़िंग जैसी अवधारणा की नक़ल करते हैं, जिससे सच्ची दौलत मिलती है। दूसरी ओर, नौकरी के मार्ग की नक़ल करने से आपको सिर्फ़ अस्थायी आमदनी ही मिलती है।

जब आप किसी फ्रैंचाइज़ी में *पैसा* निवेश करते हैं - या जब आप नेटवर्क मार्केटिंग बिज़नेस में *समय* निवेश करते हैं - तो आप दरअसल **सिस्टम** में निवेश कर रहे हैं। शून्य से शुरू करके मैकडॉनल्ड्स जितना विशाल मल्टी-बिलियन कॉरपोरेशन बनाने की कोशिश करने के बजाय क्या इसमें ज़्यादा समझदारी नहीं है कि सफलता के इसके ब्लूप्रिंट का अनुसरण किया जाए?

सबसे बढ़कर, मैकडॉनल्ड्स कॉरपोरेशन अपने फ्रैंचाइज़ीज़ को एक त्रुटि-रहित सिस्टम देता है। लोग मैकडॉनल्ड्स के बेहतरीन ट्रेनिंग सेंटर का नाम सुनकर हँस सकते हैं, जिसे हैमबर्गर यूनिवर्सिटी कहा जाता है - लेकिन मैकडॉनल्ड्स के मुख्यालय, प्रशिक्षण और शिक्षा में इसे बहुत **अहम** माना जाता है!

मैकडॉनल्ड्स फ्रैंचाइज़ी पाने के लिए आपको हैमबर्गर यूनिवर्सिटी जाना होगा और *उनके आज़माए हुए सिस्टम की नक़ल करना सीखना होगा* ... एक ऐसा तंत्र जो जादू की पुड़िया की तरह 50 सालों से कारगर है! अगर आप सिस्टम की नक़ल नहीं करना चाहते हैं, तो आपको फ्रैंचाइज़ी मिलता ही नहीं है। यह इतना ही आसान। मानकीकरण है। मैकडॉनल्ड्स वाले क़तई नहीं चाहते कि उनका कोई फ्रैंचाइज़ी असफल हो!

फ्रैंचाइज़िंग विजेता है

मुझे लगता है, यह कहना सुरक्षित है कि 1980 और 1990 के दशक में फ्रैंचाइज़िंग दुनिया की सबसे गर्मागर्म अवधारणा थी – और इस उद्योग में अब भी अभूतपूर्व वृद्धि हो रही है। *एंटरप्रेन्योर* पत्रिका के अनुसार 2009 में दुनिया भर के 7,50,000 फ्रैंचाइज़ीज़ ने 1 ट्रिलियन डॉलर की बिक्री की। **आपने सही पढ़ा – एक ट्रिलियन डॉलर!**

सिर्फ़ 50-60 साल पहले फ्रैंचाइज़िंग को धोखाधड़ी (scam) माना जाता था (और अमेरिकी संसद इस पर प्रतिबंध लगाने वाली थी), इसे देखते हुए आज इसकी विश्वस्तरीय प्रतिष्ठा को देखकर हैरानी होती है।

नेटवर्क मार्केटिंग फ्रैंचाइज़िंग की तुलना में कैसी है

नेटवर्क मार्केटिंग कंपनियाँ सफल फ्रैंचाइज़ी जैसी ही भूमिका निभाती हैं। नेटवर्किंग कंपनी अपने "फ्रैंचाइज़ीज़" (जो डिस्ट्रिब्यूटर्स के नाम से ज़्यादा मशहूर हैं) की मदद करने के लिए क्वालिटी प्रॉडक्ट्स और एक रेडीमेड सिस्टम देती है, जिसे आज़माई हुई मार्केटिंग और शैक्षणिक सामग्री का समर्थन हासिल होता है, जैसे ब्रोशर्स, फ़्लायर्स, टेप्स आदि।

फ्रैंचाइज़िंग और नेटवर्क मार्केटिंग दोनों ही में सिस्टम असल कुंजी है। आपकी सफलता नवाचार (नए प्रयोग) नहीं, बल्कि नक़ल करने की आपकी योग्यता पर निर्भर करती है। आप निर्धारित सिस्टम की नक़ल में जितने माहिर होंगे, उतने ही ज़्यादा सफल बनेंगे।

चाहे आप नेटवर्क मार्केटिंग कंपनी में कभी भी शामिल हों, आप हमेशा अपनी कंपनी के मुखिया होते हैं ... और आपका हर स्वतंत्र डिस्ट्रिब्यूटर भी अपनी कंपनी का मुखिया होता है। यह सचमुच सीईओज़ का नेटवर्क है।

फ्रैंचाइज़िंग की तुलना में नेटवर्किंग के फ़ायदे

हालाँकि फ्रैंचाइज़िंग और नेटवर्किंग दोनों ही नक़ल पर आधारित सिस्टम्स हैं, लेकिन फ्रैंचाइज़िंग की तुलना में नेटवर्किंग के लाभ ज़्यादा हैं। इन दोनों आज़माए हुए कॉपीकैट सिस्टम्स के इस तुलनात्मक चार्ट पर नज़र डालें :

फ्रैंचाइज़िंग	बनाम	नेटवर्क मार्केटिंग
फ्रैंचाइज़ी शुरू करने की औसत लागत 1,00,000 डॉलर से ज़्यादा होती है	↔	शुरुआती लागत 500 डॉलर या इससे कम होती है
पैसे के बदले समय देना (सामान्य वृद्धि)	↔	आमदनी तीव्र घातांकीय दर से बढ़ती है
आपको हर महीने 3-10 प्रतिशत फ्रैंचाइज़िंग फ़ी देनी होती है	↔	कंपनी आपको अपने संगठन का 3-28 प्रतिशत भुगतान देती है
कर्मचारियों को नौकरी पर रखना होता है	↔	किसी कर्मचारी की ज़रूरत नहीं होती
काम फैलने पर ओवरहेड के ख़र्च बढ़ जाते हैं	↔	घरेलू बिज़नेस
आपको स्टोर खुलने की अवधि के हिसाब से काम करना होता है	↔	अपने काम के घंटे आप ख़ुद तय करते हैं
सीमित इलाक़ा	↔	राष्ट्रीय और अंतर्राष्ट्रीय इलाक़ा
किसी दूसरे का सपना साकार करना	↔	अपना ख़ुद का सपना साकार करना

जैसा आप देख सकते हैं, नेटवर्क मार्केटिंग फ्रैंचाइज़िंग के सर्वश्रेष्ठ गुण तो शामिल कर लेती है - एक नक़लयोग्य या अनुकरणीय सिस्टम की अवधारणा - लेकिन बुरी चीज़ों को छोड़ देती है। परिणामस्वरूप नेटवर्किंग कॉपीकैट मार्केटिंग को एक बिलकुल नए स्तर पर ले जाती है। इसीलिए कुछ विशेषज्ञ नेटवर्क मार्केटिंग को "मुक्त उद्यम के विकास का अगला चरण" कहते हैं।

तीव्र घातांकीय वृद्धि वाला फ्रैंचाइज़ी

फ्रैंचाइज़ी की तरह आपके नेटवर्क का हर डिस्ट्रिब्यूटर अपने बिज़नेस का मालिक होता है। वह प्रॉडक्ट्स तो डिस्ट्रिब्यूट करता ही है, साथ-साथ डिस्ट्रिब्यूटर्स का नेटवर्क भी बनाता है। लेकिन नेटवर्क मार्केटिंग में फ्रैंचाइज़िंग जैसा कोई बंधन **नहीं** है। कोई फ्रैंचाइज़ी लाख चाहने पर भी फ्रैंचाइज़र नहीं बन सकता। लेकिन नेटवर्क मार्केटिंग में यह आसानी से किया जा सकता है। आप *फ्रैंचाइज़र बनकर* दूसरे लोगों को अपने बिज़नेस में शामिल कर सकते हैं और उन्हें दौलत बनाने के आज़माए हुए सिस्टम की नक़ल करना सिखा सकते हैं।

दूसरे शब्दों में, फ्रैंचाइज़ी के मालिक हमेशा सामान्य वृद्धि के चक्र में ही फँसे रहेंगे, चाहे वे कितने ही फ्रैंचाइज़ी के मालिक बन जाएँ। फ्रैंचाइज़ी बिज़नेस का *सामान्य वृद्धि* का चार्ट कुछ इस तरह दिखेगा :

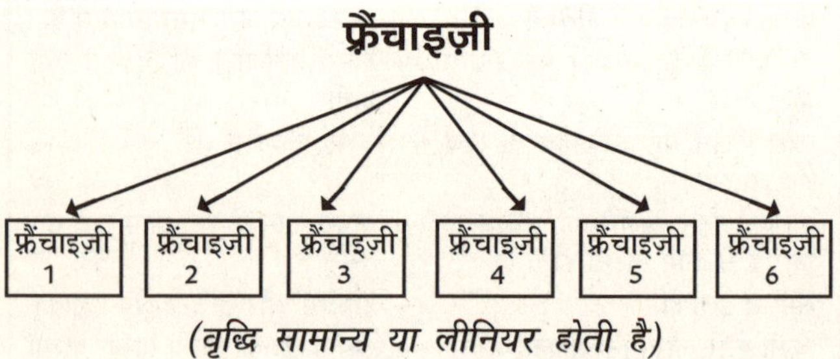

(वृद्धि सामान्य या लीनियर होती है)

चाहे आप कितने ही अतिरिक्त फ्रैंचाइज़ी के मालिक बन जाएँ, वृद्धि हमेशा सामान्य ही रहेगी। इसका मतलब है कि आप कभी भी अपने छह फ्रैंचाइज़ीज़ के कुल लाभ से ज़्यादा नहीं कमा सकते।

दूसरे परिदृश्य में, हम यह मान लेते हैं कि आप स्वतंत्र डिस्ट्रिब्यूटर्स के बढ़ते हुए नेटवर्क के मुखिया हैं। समय के साथ आपने छह प्रमुख डिस्ट्रिब्यूटर्स को स्पॉन्सर कर लिया है। आपने उन्हें अपनी नक़ल करना सिखा दिया है और इसकी बदौलत उन्होंने भी छह प्रमुख डिस्ट्रिब्यूटर्स को स्पॉन्सर कर लिया है। उनमें से हर डिस्ट्रिब्यूटर सिस्टम की नक़ल करता है और छह अन्य डिस्ट्रिब्यूटर्स को स्पॉन्सर कर लेता है। इस तरह यह सिलसिला चलता रहता है। आपके नेटवर्किंग बिज़नेस का *तीव्र घातांकीय वृद्धि चार्ट* कुछ इस तरह दिखेगा :

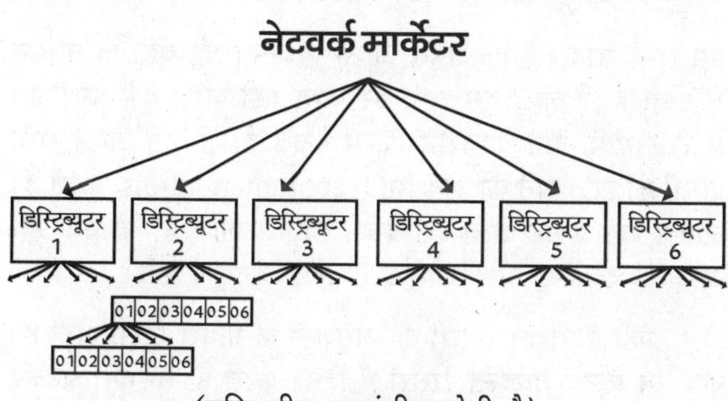

(वृद्धि तीव्र घातांकीय होती है)

जैसा आप साफ़-साफ़ देख सकते हैं, छह डिस्ट्रिब्यूटर्स को स्पॉन्सर करके और उन्हें अपने कामों की नक़ल करना सिखाकर आप अपने बिज़नेस की लीवरेजिंग करेंगे और सैकड़ों "वैकल्पिक फ्रैंचाइज़ी" (सिर्फ़ छह पारंपरिक फ्रैंचाइज़ीज़ के विपरीत) तैयार

कर लेंगे।

और यह तो आइसबर्ग की ऊपरी नोंक ही है! जब तीव्र घातांकीय वृद्धि की दोगुना होने वाली अवधारणा शुरू होती है, तो वृद्धि विस्फोटक हो जाती है। तीव्र घातांकीय वृद्धि की शक्ति की बदौलत कुछ नेटवर्क मार्केटर्स के संगठनों में हज़ारों - यहाँ तक कि लाखों लोग होते हैं!

ज़रा कल्पना करें कि आपको इनमें से हर डिस्ट्रिब्यूटर द्वारा उत्पन्न सकल प्रॉडक्ट वॉल्यूम पर कमीशन मिल रहा हो! कोई हैरानी नहीं कि कुछ नेटवर्क मार्केटर्स अमीर और मशहूर लोगों जैसी जीवनशैली जीते हैं!

आपको अनुशंसा के पैसे मिलते हैं!

हम सभी जानते हैं कि सबसे अच्छा विज्ञापन बातचीत के माध्यम से होता है, है ना? हम सभी हर वक़्त यही करते हैं। अगर हम *फ़ॉरेस्ट गम्प* जैसी बेहतरीन फ़िल्म देखते हैं, तो हम अपने सभी दोस्तों को इसे देखने की अनुशंसा (recommendation) करते हैं। लेकिन जब हमारे दोस्त इसे देखने थिएटर जाते हैं, तो क्या हमें अनुशंसा के लिए पैसे मिलते हैं? नहीं, बिलकुल नहीं।

यही बेहतरीन रेस्तराँ की अनुशंसा के मामले में भी होता है। जब हम किसी ज़बर्दस्त रेस्तराँ में डिनर करते हैं, तो हम लौटकर अपने दोस्तों और परिवार वालों के सामने उसकी तारीफ़ करते हैं - लेकिन क्या रेस्तराँ का मालिक हमें उस पैसे पर कमीशन देता है, जो हमारे दोस्त वहाँ ख़र्च करते हैं? **सवाल ही नहीं उठता!**

नेटवर्क मार्केटिंग में आपको प्रॉडक्ट्स और सेवाओं की अनुशंसा करने के लिए कमीशन मिलता है। यह तो नेकी और पूछ-पूछ वाली

बात है, क्योंकि बग़ैर कमीशन के भी आप उनका इस्तेमाल और अनुशंसा करते हैं। यह एक जीत/जीत स्थिति है – और यह दुनिया में सबसे सफल, सबसे नैतिक क़िस्म की मार्केटिंग है।

नेटवर्क मार्केटिंग किस तरह काम करती है

देखिए, मैकडॉनल्ड्स ने दुनिया में 20,000 से ज़्यादा रेस्तराँओं के साथ कारोबार शुरू नहीं किया था। इसने तो बस एक रेस्तराँ से अपना धंधा शुरू किया था – और इसके बाद उन्होंने पहले वाले रेस्तराँ जैसा ही एक और रेस्तराँ खोल लिया। इसी तरह आप भी नेटवर्क मार्केटिंग के ज़रिए तीव्र घातांकीय वृद्धि शुरू कर सकते हैं – आप ख़ुद से और एक अन्य व्यक्ति से शुरू कर सकते हैं।

क्या आपको लगता है कि आप हर महीने एक व्यक्ति को अपने बिज़नेस में शामिल कर सकते हैं? सिर्फ़ एक पार्टनर, जिसकी ज़्यादा स्वतंत्रता, सम्मान, ख़ुशी और सुरक्षा में दिलचस्पी हो ... एक पार्टनर, जो अपनी और अपने परिवार वालों की ज़िंदगी बेहतर बनाने में दिलचस्पी रखता हो?

एक महीने में एक अच्छा व्यक्ति – सफल होने के लिए बस इतने की ही ज़रूरत होती है!

एक महीने में एक-एक व्यक्ति करके 4,096 व्यक्ति हो सकते हैं

जब आप उस व्यक्ति को अपने नेटवर्क में “स्पॉन्सर” कर लेते हैं, तो आप उसके कोच बन जाते हैं। आपको कंपनी के प्रॉडक्ट्स बेचने पर पूरी कोशिशें केंद्रित करने की ज़रूरत नहीं है। आपको अपनी टीम के नए व्यक्ति को सिस्टम की सफलतापूर्वक नक़ल करना सिखाना होगा।

दूसरे महीने में आप अपने पहले नए व्यक्ति को अपने कामों की नक़ल करना सिखाते हैं। आप उसे महीने में एक व्यक्ति को स्पॉन्सर करने का तरीक़ा सिखा देते हैं। साथ ही आप एक और नए व्यक्ति को स्पॉन्सर कर लेते हैं। इस तरह दूसरे महीने के अंत तक आप ख़ुद दो लोगों को स्पॉन्सर कर लेते हैं। इसके अलावा, आपके पहले नए व्यक्ति ने भी एक व्यक्ति को स्पॉन्सर कर लिया है। अब आपका समूह चार का हो गया – आप और तीन अन्य लोग, सही है ?

फिर आप स्पॉन्सरिंग के सफलता के सिस्टम की नक़ल करते जाते हैं और अपने नए पार्टनर्स को अपनी नक़ल करना भी सिखाते हैं ... तीसरे महीने ... चौथे महीने ... पाँचवें महीने ... और सिलसिला चलता रहता है। पहले साल के अंत तक आप व्यक्तिगत रूप से 12 लोगों को स्पॉन्सर कर लेंगे – एक महीने में एक। और उनमें से हर एक भी एक महीने में एक को स्पॉन्सर कर लेगा ... इसी तरह।

अब आइए देखते हैं कि एक साल के अंत में क्या होता है ? परिणाम देखकर आपको *तीव्र घातांकीय वृद्धि* की ज़बर्दस्त शक्ति पता चल जाएगी, जो नेटवर्क मार्केटिंग नामक आसान, नक़लयोग्य और *अनुकरणीय फ्रैंचाइज़ी* जैसी अवधारणा से जुड़ी है। आपको पता चलेगा कि इससे आपका बिज़नेस विस्फोटक गति से बढ़ चुका है :

एक महीने में सिर्फ़ एक व्यक्ति को स्पॉन्सर करके – और उसे अपने कामों की नक़ल करना और महीने में एक नए व्यक्ति को स्पॉन्सर करना सिखाकर – साल के अंत तक *आपके संगठन में 4,096 स्वतंत्र डिस्ट्रिब्यूटर्स (independent distributors) यानी वैकल्पिक फ्रैंचाइज़ीज़ (alternative franchises)* हो *जाएँगे!*

एक रोमांचक पहलू पर ग़ौर करें - कंपनी आपको अपने संगठन के सेल्स वॉल्यूम पर कमीशन देती है। अगर नेटवर्क मार्केटिंग कंपनी सेल्स कमीशन में 3-28 प्रतिशत भुगतान करती है, तो आप **हर महीने** 12,000 से 20,000 डॉलर तक कमा लेंगे - या इससे भी ज़्यादा!

मेरे दोस्त, **दौलत की राह की नक़ल करने का तरीक़ा यही है!**

नेटवर्क मार्केटिंग के बारे में अविवादित तथ्य

हम नेटवर्क मार्केटिंग में निहित सिद्धांत के बारे में काफ़ी बात कर चुके हैं। अब आइए, इस प्रगतिशील उद्योग से संबंधित कुछ तथ्यों पर नज़र डालते हैं। सबसे पहले तो फ्रैंचाइज़िंग की तरह ही नेटवर्क मार्केटिंग उद्योग भी 60 साल से मौजूद है। यह निर्माता से उपभोक्ता तक प्रॉडक्ट्स और सेवाएँ पहुँचाने का शक्तिशाली और कार्यकुशल तरीक़ा है।

आज नेटवर्क मार्केटिंग 125 देशों में बिज़नेस के वैध तरीक़े के रूप में स्थापित हो चुका है। आज दुनिया भर में लगभग 6.76 करोड़ लोग किसी न किसी नेटवर्किंग कंपनी के स्वतंत्र डिस्ट्रिब्यूटर हैं। अरबपति निवेशक वॉरेन बफ़ेट भी एक नेटवर्क मार्केटिंग कंपनी ख़रीदकर इस उद्योग में क़दम रख चुके हैं।

यह स्पष्ट है - नेटवर्क मार्केटिंग सिर्फ़ कोरा सिद्धांत ही नहीं है। यह अब विवादास्पद भी नहीं है। आज नेटवर्क मार्केटिंग वहीं है, जहाँ फ्रैंचाइज़िंग 40-50 साल पहले थी - यह "जनता की फ्रैंचाइज़ी की अवधारणा" है, जो तीव्र घातांकीय गति से बढ़ती है। अब यह अपने चरम विकास के दौर में दाख़िल हो रही है।

दिन दूनी, रात चौगुनी गति से बढ़ना

नेटवर्क मार्केटिंग उद्योग ने पिछले कुछ सालों में अभूतपूर्व विकास किया है। जब मैंने 1990 के दशक की शुरुआत में इस उद्योग के बारे में लिखना शुरू किया था, तब इसका सालाना बिज़नेस 20 बिलियन डॉलर था। उसके बाद इसने हर साल 10 प्रतिशत वृद्धि की और 2009 में इसकी विश्वव्यापी बिक्री 100 बिलियन डॉलर थी। और सबसे अच्छी ख़बर यह है कि आगे और भी ज़्यादा **तीव्र विकास** की संभावना है, जैसा इस ग्राफ़ से पता चलता है :

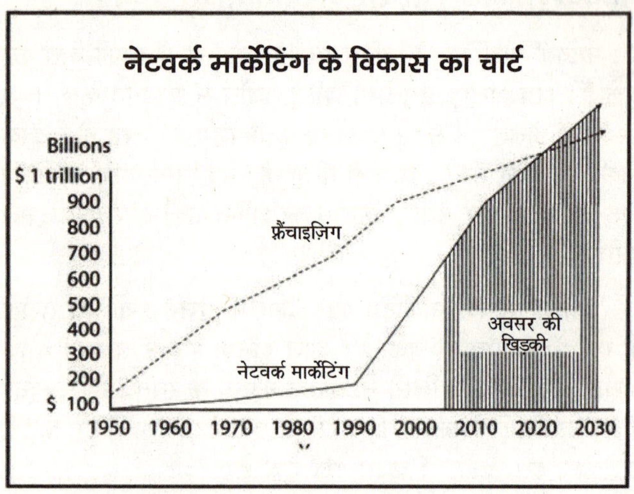

जैसा इस चार्ट में साफ़ नज़र आता है, आज हम नेटवर्क मार्केटिंग के स्वर्णिम युग में क़दम रख रहे हैं। नेटवर्किंग आज वहीं है, जहाँ फ्रैंचाइज़िंग 40-50 साल पहले थी – जिसका मतलब है कि *इसके सर्वश्रेष्ठ वर्ष भविष्य में आएँगे!* मेरी भविष्यवाणी है कि तीव्र घातांकीय वृद्धि की बदौलत नेटवर्क मार्केटिंग उद्योग अगले

दशक में फ्रैंचाइज़ी की बिक्री को पार कर लेगा।

यह एक बड़ी प्रवृत्ति ही नहीं है – यह तो एक विश्वव्यापी मुहिम है! मैं इसे E^2 मुहिम कहता हूँ। E^2 का मतलब है "तीव्र घातांकीय उद्यमी।" नेटवर्क मार्केटिंग घरेलू उद्यमिता के ज्वार का फ़ायदा उठाने की सर्वश्रेष्ठ स्थिति में है, जो पूरी दुनिया में उफान पर है!

आपको ख़ुद से यह सवाल पूछना चाहिए : *"क्या मैं उन लोगों में से एक बनने जा रहा हूँ, जो नेटवर्क मार्केटिंग को अगले दशक में विस्फोट करते हुए देखेंगे? ... या फिर मैं उन लोगों में से एक बनने जा रहा हूँ, जो इसके विस्फोट में मदद करेंगे – और इसका फ़ायदा भी उठाएँगे?"*

निष्कर्ष :

अब आपकी बारी है!

निष्कर्ष :
अब आपकी बारी है!

सेना के हमले का प्रतिरोध किया जा सकता है। लेकिन उस विचार का नहीं, जिसका समय आ चुका हो।

–विक्टर ह्यूगो

कॉपीकैटिंग (नक़ल) संबंधी पुस्तक को समाप्त करने का सबसे अच्छा तरीक़ा प्रकृति के सबसे अच्छे नक़लची – प्रोसेशनरी कैटरपिलर – की कहानी बताना है। इन आकर्षक छोटे कीड़ों का यह नाम इसलिए पड़ा, क्योंकि उनमें लाइन में चलने की अजीब आदत होती है – एक के पीछे एक।

कैटरपिलर्स अपने साथियों के व्यवहार की नक़ल करने में माहिर होते हैं। दरअसल, उन्हें और कुछ आता ही नहीं है, सिर्फ़ नक़ल करना आता है। उनकी "झुंड प्रवृत्ति" (herd instinct) इतनी शक्तिशाली होती है कि वे एक-दूसरे के पीछे चलते रहते हैं – एक वक़्त में कई मील।

बरसों पहले एक फ्रांसीसी वैज्ञानिक ने एक अनौपचारिक प्रयोग करके यह पता लगाने की कोशिश की कि प्रोसेशनरी कैटरपिलर की झुंड प्रवृत्ति कितनी शक्तिशाली होती है। उसने एक

बड़े फूलदान के गोल घेरे (rim) पर कुछ कैटरपिलर्स रख दिए। भीतर कैटरपिलर्स की प्रिय पत्तियों का आहार और ताज़े पानी की भरपूर मात्रा थी।

कैटरपिलर्स आगे वाले कैटरपिलर के पीछे-पीछे फूलदान के गोल घेरे में ही घूमते रहे। वे बिना रुके ... घंटों ... दिनों तक चलते रहे।

आश्चर्यजनक बात यह थी कि भोजन और पानी कैटरपिलर्स से सिर्फ़ कुछ इंच ही दूर थे। लेकिन नक़ल करने की प्रवृत्ति इतनी शक्तिशाली थी कि एक भी कैटरपिलर ने चक्र नहीं तोड़ा। सात दिन तक लगातार चलने के बाद सभी कैटरपिलर थकान और भूख-प्यास से मर गए।

आप किस चीज़ की नक़ल करने का चुनाव कर रहे हैं?

प्रोसेशनरी कैटरपिलर की तरह ही हम इंसानों में भी झुंड प्रवृत्ति होती है। इसी वजह से हम इतने बेहतरीन नक़लची होते हैं। सौभाग्य से हमारी सोचने की योग्यता हमारी झुंड प्रवृत्ति को संतुलित कर देती है। चूँकि हम सोच सकते हैं और तर्क कर सकते हैं, इसलिए हम चुनाव कर सकते हैं, जबकि कीड़े-मकोड़े अपने सहज बोध या भाव के रहमोकरम पर ही निर्भर होते हैं।

प्रोसेशनरी कैटरपिलर के विपरीत इंसान झुंड से अलग होने का विकल्प चुन सकते हैं। हम उन लोगों की नक़ल करना बंद कर सकते हैं, जिनका सिस्टम हमें क़र्ज़ ... निर्भरता ... शंका, और बहुत सारे लोगों के मामले में, तबाही की ओर ले जाएगा! या फिर हम उन लोगों की नक़ल करना शुरू करने का विकल्प चुन सकते हैं,

जिनका सिस्टम हमें समृद्धि और प्रचुरता की ओर ले जाएगा।

आपकी स्थिति कैसी है? क्या आप प्रोसेशनरी कैटरपिलर जैसे हैं, जो अंधों की तरह अपने सामने वाले कैटरपिलर की योजना की नक़ल कर रहे हैं, जब तक कि आपका अंत भी 95 प्रतिशत "इंसानी प्रोसेशनरी कैटरपिलर्स" जैसा न हो जाए - स्वर्गवासी ... कड़के ... या सरकारी पेंशन पर गुज़ारा करने वाले?

या फिर आप समूह से अलग होने के इच्छुक हैं और सच्ची दौलत की ओर ले जाने वाली एक आज़माई हुई योजना की नक़ल करके 5 प्रतिशत लोगों की जमात में पहुँचना चाहते हैं?

दौलत बनाने के लिए सिस्टम की नक़ल क्यों करें?

आप समूह का साथ क्यों छोड़ें और दौलत उत्पन्न करने वाले सिस्टम की नक़ल क्यों करें? इस सवाल का जवाब एक ही शब्द में दिया जा सकता है - **स्वतंत्रता!**

क़र्ज़ से स्वतंत्रता, हमेशा-हमेशा के लिए।

बॉस की सख़्त निगरानी से स्वतंत्रता, जो हर पल आपके कंधे के पीछे से झाँकता रहता है।

घर ख़र्च चलाने के लिए पार्ट-टाइम नौकरियाँ करने से स्वतंत्रता।

अपने काम के घंटे - और वैकेशन का शेड्यूल ख़ुद तय करने की स्वतंत्रता!

किसी दूसरे के सपने के बजाय अपने ख़ुद के सपने साकार करने की स्वतंत्रता!

और उस पूर्णकालिक तनाव से स्वतंत्रता, जो बहुत कम पैसे की ख़ातिर बहुत ज़्यादा काम करने से होता है।

सच्ची दौलत का मतलब है : आप **जो** चाहें, **जब** चाहें, उसे करने के लिए आपके पास पर्याप्त पैसा और पर्याप्त समय हो।

सच्ची दौलत **फ्री** (स्वतंत्र) शब्द को **फ्री एंटरप्राइज** (स्वतंत्र उद्यम) में रख देती है। और मेरे दोस्त, यही सबसे बड़ा कारण है कि हमें सच्ची दौलत बनाने वाले सिस्टम की नक़ल करनी चाहिए।

अब आपकी बारी है

आप इसे कर सकते हैं – नेटवर्क मार्केटिंग में सफल होने के लिए जितनी योग्यताओं की ज़रूरत होती है, वे सब आप में हैं, क्योंकि आप पैदाइशी नक़लची हैं! अब 95 प्रतिशत लोगों की जमात से बाहर निकलने और दौलत बनाने वाले सिस्टम की नक़ल करना शुरू करने का वक़्त आ चुका है। उन कैटरपिलर्स की नक़ल करने से क्या फ़ायदा, जो एक अंतहीन चक्र में गोल-गोल घूम रहे हैं।

झुंड से अलग होने और सच्ची दौलत व पूर्ण स्वतंत्रता पाने की अब आपकी बारी है!

मज़े की बात तो यह है कि आपको कोई भी ऐसी चीज़ नहीं करनी है, जिसे आप पहले से ही न कर रहे हों! आप पहले से ही नक़ल में माहिर हैं, क्या यह सच नहीं है ? तो फिर आप यह क्यों नहीं सोचते कि यह एक ऐसे सिस्टम की नक़ल करने का समय है, जो **आपके सपने साकार करने** में आपकी मदद करेगा ? आप यह क्यों नहीं सोचते कि आपको उस दक़ियानूसी सिस्टम से बाहर निकल जाना चाहिए, जो आपको **अपने सपनों का गला घोंटने के लिए मजबूर करता है?**

यह स्पष्ट है!

भविष्य के बारे में आपके सच्चे डर क्या हैं?

सच्ची दौलत बनाने वाले सिस्टम की नक़ल करने में डरने की कोई बात ही नहीं है। ***सच्चा डर*** तो यह है कि कहीं 65 साल की उम्र में हमारा अंत भी इस दुनिया के 95 प्रतिशत लोगों जैसा न हो – स्वर्गवासी, कड़के या परिवार, चर्च या देश की दया पर निर्भर।

सच्चा डर अपने "स्वर्णिम वर्षों" में ग़रीबी के स्तर की पेंशन पर रिटायर होना है।

सच्चा डर तो औसत ज़िंदगी से समझौता करना है, जबकि आप अपने दिल में जानते हों कि आप इससे बहुत ज़्यादा सक्षम हैं।

सच्चा डर अपने सपने छोड़ना है, सिर्फ़ इसलिए क्योंकि आपने ऐसी योजना की नक़ल करने का चुनाव किया है, जो उन्हें कभी साकार नहीं कर सकती।

मेरे दोस्त, आपको नकारात्मक लोगों को अपने सपने चुराने की इजाज़त **कभी नहीं** देनी चाहिए! नकारात्मक लोग प्रोसेशनरी कैटरपिलर्स जैसे होते हैं – वे इस बात पर ज़ोर देंगे कि आप उनके सिस्टम की नक़ल करें, इस तनख़्वाह से उस तनख़्वाह तक गुज़ारा करें, भले ही इसका नतीजा यह हो कि आप अंतहीन चक्र में गोल-गोल घूमते रहें।

अवसर कभी ख़ाली नहीं जाते ...

अब सच्ची दौलत बनाकर स्वतंत्र होने की आपकी बारी है, लेकिन इसके लिए आपको एक अलग योजना की नक़ल करनी होगी।

हमेशा याद रखें, जब अवसर आपके सामने आएँ, तो आपको उन्हें फ़ौरन लपकना होगा। आपको यह नहीं सोचना चाहिए कि जब आप पूरी तरह तैयार होंगे, तभी अवसर सामने आएँगे।

जैसा मैं हमेशा कहता हूँ, *"अवसर कभी ख़ाली नहीं जाते। कोई दूसरा उनका पहले फ़ायदा उठा लेता है!"*

इस अवसर को अपने पास से ख़ाली न जाने दें। हीरे की अँगूठी को जकड़ने का यह आपका मौक़ा है। आप यह काम कर सकते हैं। आप पहले से ही माहिर नक़लची हैं। ख़ुद को फ्रैंचाइज़िंग के बाद की सबसे महान आर्थिक मुहिम से फ़ायदा उठाने का एक मौक़ा तो दें।

विश्वव्यापी नेटवर्किंग आज वहीं है, जहाँ फ्रैंचाइज़िंग 40 साल पहले थी। आज नेटवर्किंग बिज़नेस का वार्षिक वॉल्यूम 110 बिलियन डॉलर से भी ज़्यादा है। यह तय है कि अगले दशक में यह ट्रिलियन डॉलर तक पहुँच जाएगा!

अब ज़्यादा इंतज़ार न करें! शामिल होने का इससे बेहतर समय कभी नहीं रहा! आज आप एक विश्वव्यापी मुहिम की शुरुआत का फ़ायदा उठा सकते हैं। 5 प्रतिशत जमात में शामिल होने की यह आपकी बारी है। इसलिए इस अवसर का फ़ायदा उठा लें, किसी दूसरे के उठाने से पहले।

आप एक माहिर नक़लची हैं।

आपमें सफल होने की सभी योग्यताएँ हैं।

इससे बेहतर समय कभी नहीं रहा।

आप इसके हक़दार हैं।

यह आपकी बारी है ... आप नक़ल करके दौलत की अपनी मंज़िल तक पहुँच सकते हैं!